Ⓢ新潮新書

小川 格
OGAWA Itaru

至高の近代建築

明治・大正・昭和 人と建物の物語

1078

新潮社

まえがき

明治維新から今年で一五六年。その半分、七八年目が終戦の翌一九四六年、そこからさらに七八年経って、二〇二四年が今年である。

つまり、明治維新から今までのほぼ真ん中に終戦の年がある。

日本の近代建築の歴史をたどってみても、終戦は大きな区切りになっている。言いかえると終戦を境にして近代建築の前期と後期に分かれるということになる。これは、もちろん大まかな言い方で、双方にはみ出すものも少しはある。

私は、三年前に『日本の近代建築ベスト50』という本を書いた。

この本は原則として戦後の建築、多少戦前にはみ出しているが、特に一九六〇年代に最盛期を迎えたモダニズムという思想によって設計された建築を取り上げた。それは、我々が身をもって体験してきた建築だった。

その後、私は明治維新から戦後まで、明治、大正、昭和前期、つまり前期の近代建築を改めて見なおし、それが建てられたいきさつ、オーナーの思い、さらに設計した建築家の考え方などをたずね、考えてきた。

そこには、後期の近代建築が共有したモダニズムのような強固な思想、理念を見つけることはできなかった。

そこに見えたのは、欧米の建築をひたすら模倣し、追いつくために必死で努力した建築家たちの涙ぐましい努力のあとだった。

初めは、宣教師や、欧米の建築家たちの手に任せるしかなかった。中でもお雇い外国人建築家ジョサイア・コンドルが代表的な建築家だった。彼が設計したいくつもの建築がお手本となり、そして彼こそが建築家の生きた教科書だった。

次に彼が教えた学生たちが育ち、その教え子が育つと、次第に日本人の中にも様々な個性を持った建築家が生まれ、建築家の層が厚くなっていった。

こうして明治時代に欧米から学んだ建築技術の集大成が赤レンガの東京駅だった。その指揮を取った辰野金吾こそ、明治建築の象徴だった。

しかし大正時代になると、単なる欧米の模倣では物足りず、自分の中から湧いてくる意欲を尊重して設計に臨む若い建築家たちが次々に現れてきた。欧米にもアール・ヌーボー、ゼツェシオンなどの新しい波が起こり、日本にもその影響が及んできた。こうして大正時代の新しい芽が育ち始めたところに関東大震災が襲い掛かり、若い芽は摘み取られて、昭和の硬直したモダニズムの時代へと雪崩れこんでしまう。

こうして育まれた前期の近代建築の特徴を考えてみると、多くの場合、それは、施主の気持ち、利用者の気持ちが濃厚に塗り込められていることかもしれない。

この時代の建築には、使う人の気持ちを受け止める何かがあるような気がする。その反対に後期の近代建築、モダニズムの建築は、原理、原則を追求するあまり、使う人の気持ちを受け止める何かを失ったような気がする。利用者から愛されず、無惨に取り壊されてゆく近代建築には、このような建築の性格も関係しているかもしれない。

そこへゆくと、前期の建築の生まれたきっかけはどれもドラマチックだ。そこには、生き生きとした人間のドラマがある。建築を作ろうとした人の強い気持ち、設計した人の気持ち、そのドラマを知って見直すと、さらに建築が興味深いものに見えてくる。

今、残っている前期の近代建築は、短くとも八〇年、古いものは百年を超えて建ち続けてきたものだ。文化財としても貴重な建築だ。維持管理のために多くの人々の努力が重ねられてきた。その中には取り壊しの直前に危うく救われたものも少なくない。危機に瀕した建築を救出した人たち、そこにも数々のドラマがあった。

ここに取り上げたのは、そうして残った建築のほんの一部に過ぎない。世の中にはもっと多くの残された建築がある。またこれから壊される建築もあるかもしれない。一人でも多くの人が建築に関心を持って大切に使い続けて欲しい。

多くの建築が無関心に荒れるに任せて、「五〇年たったので、取り壊して建て替えます」と言われている。膨大な廃棄物を出して壊しては建て直す、こんなやり方は、もう許されない。廃棄物を捨てる場所もなく、作るための資源も少なくなっている。

本書では、便宜上二つの章に分けて、一般の建築を第一章に、住宅・別荘を第二章として、原則として竣工年の順に紹介した。一般の建築は、最初から西洋的生活を基本にして作られたのに対し、住宅の場合、洋館の他に和風住宅を作って日常生活は和館でという二重生活が営まれることが多かった。こんな違いも感じて欲しい。

古い時代の多様な建築を現地に見て、埋め込まれた物語を味わっていただきたい。本書に取り上げた建築は、原則として公開され、誰でも見学できる。

二〇二四年九月

至高の近代建築　明治・大正・昭和 人と建物の物語　目次

まえがき　3

第一章　建築編　12

神奈川県立歴史博物館　設計　妻木頼黄（神奈川県横浜市）　14
東京国立博物館　表慶館　設計　片山東熊（東京都台東区）　18
岩手銀行赤レンガ館　設計　辰野金吾・葛西萬司（岩手県盛岡市）　24
東京駅　設計　辰野金吾（東京都千代田区）　30
誠之堂　設計　田辺淳吉（埼玉県深谷市）　36
晩香廬　設計　田辺淳吉（東京都北区）　40
青淵文庫　設計　田辺淳吉（東京都北区）　44
大阪市中央公会堂　設計　岡田信一郎（大阪府大阪市）　48
神戸商船三井ビル　設計　渡辺　節（兵庫県神戸市）　54
名古屋市市政資料館　設計　山下啓次郎・金刺森太郎（愛知県名古屋市）　60
ヨドコウ迎賓館　設計　F・L・ライト（兵庫県芦屋市）　66

旧国立駅舎　設計　河野　傳（東京都国立市）　72
武庫川女子大学 甲子園会館　設計　遠藤　新（兵庫県西宮市）　78
SEIKO HOUSE GINZA　設計　渡辺　仁（東京都中央区）　84
横浜市大倉山記念館　設計　長野宇平治（神奈川県横浜市）　90
築地本願寺本堂　設計　伊東忠太（東京都中央区）　96
明治生命館　設計　岡田信一郎（東京都千代田区）　102
国会議事堂　設計　矢橋賢吉・大熊喜邦・吉武東里（東京都千代田区）　108
宇部市渡辺翁記念会館　設計　村野藤吾（山口県宇部市）　116
東京女子大学チャペル　設計　A・レーモンド（東京都杉並区）　122

第二章　住宅編

第二章　住宅編　128
旧ハンター住宅　設計　A・N・ハンセル（兵庫県神戸市）　130
旧岩崎邸　設計　J・コンドル（東京都台東区）　136
旧武藤山治邸　設計　大熊喜邦（兵庫県神戸市）　142

外交官の家　設計　J・M・ガーディナー（神奈川県横浜市）　148
六華苑　設計　J・コンドル（三重県桑名市）　154
清泉女子大学本館　設計　J・コンドル（東京都品川区）　160
鳩山会館　設計　岡田信一郎（東京都文京区）　166
イタリア大使館別荘　設計　A・レーモンド（栃木県日光市）　172
旧前田家本邸洋館　設計　高橋貞太郎（東京都目黒区）　178
ベーリック・ホール　設計　J・H・モーガン（神奈川県横浜市）　184
起雲閣　設計　清水組（担当　大友　弘）（静岡県熱海市）　190
東京都庭園美術館　設計　宮内省内匠寮（権藤要吉）　内装　H・ラパン（東京都港区）　196

あとがき　202
初出掲載誌　204
参考文献　205

明治維新のころ、初めてヨーロッパの街を見た政治家や実業家たちは驚いた。石造の街並み、宮殿、美術館、国会議事堂、等々に圧倒された。日本がこれらの国に追いつくためには、そんな建築を至急建てなければならないと真剣に考えた。

ヨーロッパから建築家を呼びよせ、本格的な建築を建てる、さらに建築の教育を始めて建築家を育てる必要があった。

明治時代は、ヨーロッパやアメリカの建築に学びながら、なんとか近代社会が求めるさまざまな建築を作ることに真剣に取り組んだ。

その結果、建築家たちは、次第に西欧の建築家に肩を並べるほどの力をつけてゆくが、急激に進化する近代社会が求める建築は、さらに新しく多種多様で複雑なものとなっていった。

第一章　建築編

官公庁を初め、銀行、事務所、ホテル、美術館、博物館、コンサートホール、駅舎など多様な要求を満たすため、様々な試みが続けられた。

建築を学んだ国によっても異なる特徴を持った建築が出来上がったのも興味深い。

明治、大正、昭和と時代が進むにつれて、さまざまな建築が現れるが、鉄筋コンクリートとガラスのモダニズム建築一色に染まってしまうまでには、まだまだ試行錯誤が重ねられた。

そこには施主の要求に応えながらも、己の主張を実現しようとした建築家たちの血の滲むような創意工夫の跡が見えてくる。

今日まで長く愛されて、なんの不自由もなく使われている建築もあれば、用途を変更してかろうじて使われ続けている建築もある。

角地に正面を向けて、肩肘はって立つ、いかつい雰囲気は、ドイツ仕込みの妻木の建築の特徴がよく現れている。ちょっと近づきにくい。

神奈川県立歴史博物館（旧横浜正金銀行本店）

設計　妻木頼黄
一九〇四（明治三七）年

為替《かわせ》とは、現金の移動なしで、支払いを行う方法だが、明治維新以来、海外貿易に必要な海外との為替業務はすべて外国人の手に握られていた。急激に増えた海外貿易に関わる為替業務と貿易の金融を担うため政府の強力なバックアップのもと設立されたのが横浜正金銀行だった。

設計したのは妻木頼黄《よりなか》。国会議事堂の設計をめぐって辰野金吾と激しく対決することになる明治建築界の一方の巨匠である。

妻木は辰野より五歳若く、徳川幕府の旗本の子

三角形の破風の中の手の込んだ彫刻、ドームに開いた丸窓とそれを取り囲む装飾など、相当に力の入った、力作であることは間違いない。

として生まれ（一八五九年）、一七歳で渡米後、一年で帰国したのち工部大学校（現・東京大学工学部）に入学したものの、卒業直前に退学して再び渡米、コーネル大学に編入学した。辰野が支配する工部大学校の雰囲気が嫌いだったのかもしれない。卒業後帰国すると、東京府に就職、翌年臨時建築局に配属になる。これは、国会議事堂建設のために政府が作った特別の部署だった。

日清戦争に際して、軍隊が広島の宇品港から出航したため、広島に大本営が置かれ、その横に臨時の帝国議事堂を建てる必要に迫られた。

妻木は部下を叱咤激励し昼夜兼行でそれをなんと二週間という驚異的なスピードで完成させてしまった。妻木が築いてきた有能な人材のネットワークが見事に機能したわけだ。妻木は政府に対し

当時の様式建築によく見られる丸い柱の代わりに、角の立った非常に硬い表情の四角い柱が並んでいる。力強さを表したかったのだろうか。

ても強くものを言える立場を築き、有能な技術者も多数集め、教育を怠らなかった。この帝国議事堂の成功により妻木はますます力をつけた。

これ以降、妻木は国会議事堂建設のため、人材や資料を集め、設計の体制を着々と整えていった。大工、左官、石工、ステンドグラスなどの職人を伴ってドイツに留学するなど、準備を進めたが、政局の変動もあり、紆余曲折の中で、この横浜正金銀行を手がける。四五歳という気力充実した時だった。辰野のイギリス流、レンガ造の表情とは全く異なるドイツ式の堅牢な建築だった。

安定した石造風の基部と力強いドームの構成は重量感があり安定感がある。銀行建築でよく使われたギリシャ神殿の円柱ではなくあえて四角い柱が、壁から半分浮き上がり、柱頭の飾りはギリシ

廊下には美しいステンドグラスの明かり天井があるのだが、これは、博物館として再生された時に新たに取り付けられたものらしい。

ャ神殿の柱頭をそのまま四角くしたものである。このため全体の印象は、鋭い角が多く、固く、堅実さが一段と際立っている。

大正十二年には関東大震災により三階までの内部とドームを焼失したが、元通りに復旧した。

横浜正金銀行は大正年間には海外にも支店網を整え、世界三大為替銀行の一つといわれるまでに発展した。戦後、普通銀行である東京銀行に改組し、のちに三菱銀行と合併して東京三菱銀行に、さらに現在は三菱UFJ銀行となっている。

一方、銀行の役目を終えた建築は、昭和四二年には県立博物館に、平成七年には県立歴史博物館になり神奈川県の歴史・文化を伝える博物館として公開されているが、残念ながら内部はあまり建設当時の面影を残していない。（神奈川県横浜市）

ヨーロッパの美術館は、ルーブル宮のように、宮殿を転用したものが多かったので、ここでも宮殿の形式が採用された。

東京国立博物館　表慶館

設計　片山東熊
一九〇九（明治四二）年

明治政府が欧米を見本にした建築を建てようと決意したのは、不平等条約の改正など、切実な問題を抱えており、欧米に見下されたくないと考えたからだが、そのためには彼らに劣らない建築や都市を造ることが重要だと考えた。

まずは、外国人建築家を呼んで必要な建築を次々に建てたが、本格的に建築を建ててゆくには日本人の建築家が必要なことに気がついた。建築家を育てるための教師を招くべく、手を尽くして探し出したのが、若いイギリス人建築家ジョサイア・コンドル（一八五二〜一九二〇）だった。

中央のドームは、全体を引き締める最も重要なシンボル。よく見ると2段に重なった大小のドームでできている。これが上昇感を出している。

コンドルは、ロンドンで実務の経験を積みながら大学を出て、若手の建築家に与えられるソーン賞という有名な賞を受賞している有能な若手建築家だった。日本政府の招きを受け入れて、明治一〇年二四歳の若さで日本にやってきた。

給料もよかったが、何よりも彼自身、日本に強い興味を持っていたからだった。

そんなコンドルが、出来たばかりの工部大学校(設立時は工部省工学寮、現・東京大学工学部)の教師に就任した時、その造家学科の最初の学生が、辰野金吾、曾禰《そね》達蔵、片山東熊《とうくま》、佐立七次郎の四人だった。

学生といっても、彼らは、コンドルより一歳か二歳ほど若いだけの青年たちだった。コンドルはなんの知識もない彼らに建築のイロハから、つま

中央に聳える大きなドームの内部は、中央玄関ホールの上を見上げると2階の回廊の内側に立つ8本の円柱の上に載っていることがわかる。

り、西洋建築の歴史、デザイン、設計、構造、設備、施工技術など建築のすべてを、実務に即して、ていねいに教えた。

彼らは、二年間で、コンドルから多くのことを学んで卒業するとそのまま実務についた。

辰野金吾は、最優秀の卒業生としてロンドンに留学した後に工部大学校の教授に就任し、さらに建築事務所を開設して近代建築の最初の指導者になってゆく。

曾禰達蔵は三菱に雇用され、丸の内のオフィス街の建設に携わる。

こうして、日本人の建築家による近代建築が歩き始めるのだが、片山東熊の歩いた道はかなり特殊なものだった。

卒業して最初に与えられた仕事が、有栖川宮邸

2階の回廊から見下ろすと、1階の床のモザイクのデザインがよく見える。このモザイクは、色違いの大理石を砕いて貼り込んで作っている。

の建築掛だった。これはコンドルが設計した当時最高級の邸宅だったが、コンドルの助手として勤め、現場でさまざまな仕事をこなしながら実務を習得した。さらにシャンデリア、壁紙、絨毯、家具などを調達するために渡欧、各国の宮殿建築をはじめ、建築を詳細に見学する機会を得た。

その後も数々の邸宅建築を手がけ、宮内省の建築を受け持つ内匠寮《たくみりょう》の技師となって、宮廷建築、博物館などの設計を手がけてゆく。京都、奈良の帝国博物館など多くの作品がある。

代表作は、東宮御所、のちの赤坂離宮、現在の迎賓館であるが、これと同時に並行して建てられたのが、上野の東京国立博物館の表慶館である。

表慶館は大正天皇のご成婚（明治三三年）を記念して計画された美術館であり、市民からの寄付

両側の小さなドームの下には階段がある。非常に手の込んだ手すりで、曲線に沿って湾曲しながら登ってゆく、複雑で優雅な姿である。

金によって造られた。

構造はレンガ造だが、外壁に石を貼った石造のような外観である。また、美術館といっても、全体の形はヨーロッパの宮殿のような姿である。

中央のホールの上には大きなドームをいただき、左右の階段室にも小型のドームがそびえてバランスをとっている。

外壁の数々の彫刻には、美術、工芸、音楽などさまざまな芸術への連帯感が示されている。小粒ながらバランスの良い、美しい建築である。

片山は、この表慶館と並行して明治期の東宮（のちの大正天皇）のお住まいとして、赤坂に東宮御所の設計を命じられて、心血を注いで設計・建設に当たった。ベルサイユ宮殿を初め各国の宮殿を視察、世界の宮殿に劣らない、デザイン、構

右上：貝殻のような窪み。右下：ギリシャ神殿の柱頭のレリーフ。左上：中央ホールの最上部の天窓。左下：中央ホール床の大理石のモザイク。

造、設備、すべてに亘って完全な宮殿建築、明治建築の集大成として最高の建築を実現したとの自負をもって明治天皇に拝謁し、ご説明申し上げたのだが、天皇からは「贅沢すぎる」の一言しかいただけず、大変な衝撃を受けた。

大柄で強健だったが、これ以降失意のうちに六三歳で息を引き取った。

結局東宮御所は、関東大震災の前後に一時皇太子（昭和天皇）の仮のお住まいとして使用されたほか、国立国会図書館などに使われ、現在は迎賓館として生まれ変わっている。

上野公園には美術館、博物館など各種の建築がさながら建築博物館のように建てられているが、中でも表慶館は、明治時代の建築としてたいへん貴重な存在である。

（東京都台東区）

赤レンガの壁に白い花崗岩の横縞を組み合わせた建築は、辰野建築の定番。盛岡を代表するモニュメントとして長年市民に親しまれている。

岩手銀行赤レンガ館
(旧盛岡銀行本店)

設計　辰野金吾・葛西萬司
一九一一(明治四四)年

辰野金吾(一八五四〜一九一九)はお雇い外国人建築家コンドルの教育を受けて、日本で最初に世に認められた建築家、日本人初の建築学科教授、建築学会会長などを務め、日本中に多くの建築を残した大建築家だが、自分の手でどうしても設計したいのは、日本銀行本店、東京駅、そして国会議事堂だと公言していた。

国会議事堂までは、手が届かなかったが、大正三年、東京駅という大建築を完成させて、明治建築の集大成とした。その一〇年に及ぶ設計と施工

八角形のドームは、そこそこに装飾的で、軽やかにモニュメントの役割を果たしている。壁面の赤・白に対し、ドームは黒と緑の力強い対比。

の年月の間に建てたのが、東北地方に今も残る唯一の辰野建築、岩手銀行赤レンガ館である。

設計は辰野葛西建築事務所。辰野金吾と葛西萬司の共同事務所である。辰野についてはよく知られているが、その全盛期を支えたパートナー葛西のことはあまり知られていない。

葛西は、辰野より九歳若く盛岡に生まれた。十二歳で上京し慶應義塾、帝国大学に入り、卒業と共に日本銀行に入っている。卒業の前年に、盛岡を代表する実業家にして資産家葛西重雄の養子となり、同時に重雄の妻の妹タキと結婚している。つまり萬司の人柄や能力を見込んで選ばれた養嗣子であった。

当時は学生の就職先は教授が決めていたから、葛西が日本銀行に入ったのは教授の辰野の指示

銀行時代の営業室は広々と大きな空間。天井を飾るバイオリンのような形は、江戸時代の銀行つまり両替商の看板の形ではないかと思われる。

だ。辰野は日本銀行本店の設計にとりかかるときだった。つまり葛西は辰野教授に見込まれて日銀に送り込まれて、辰野は外から、葛西は内から日銀の設計と施工に協力する関係となった。

明治二九（一八九六）年に日銀が竣工すると、間もなく葛西は日銀を辞める。すると辰野は葛西をパートナーとして辰野葛西建築事務所を開設する。まもなく東京駅の設計者が辰野に決まり設計が始まる。この設計は問題が多く、困難を極めたが、常に辰野を支え、事務所で采配を取ったのが葛西であった。

赤レンガ館の設計は辰野の得意とする赤レンガに白い花崗岩の帯を挟んだ華やかな意匠が特徴だ。盛岡の目抜き通りの角地に立ち、コーナーに塔を立て、入口としている。東京駅と比較する

ドームの内側を見上げると、四角形を２つ組み合わせて作った八角形の仕組みがよく分かって面白い。手すりのついた回廊がめぐっている。

と、赤レンガを花崗岩で分割したり、ドームを載せる手法は同じだが、盛岡のデザインはさらに繊細で美しい。

設計の基本は辰野であるが、では、葛西の役割は何だったのだろうか。

葛西の養父重雄は鉱山開発や、のちに旧岩手銀行頭取も務めるなど盛岡の財界の中心的人物だった。当然、この設計は葛西を通して入ってきたはずで、葛西はこの仕事に力を入れたに違いない。

辰野と葛西の性格は正反対だった。辰野は、厳格、精力的で誰に対しても怒鳴り散らしていたのに対して、葛西は常に温厚篤実で、決して感情を表に出すことがなかった。誰にでも怒りをぶつけた辰野も葛西にだけは怒ったことがなかった。

外を飛び回る辰野に代わり葛西は事務所の中心

銀行の受付は当時のまま綺麗に保存されている。大理石の腰壁とカウンター、赤い木枠に収まったガラスと鉄の装飾的な格子が美しい。

となって仕事を仕切った。若者をていねいに指導し、見積り、工程など裏方の仕事を進んで引き受けた。二人は日銀、東京駅など大きな設計の間に赤レンガ館のほか日銀大阪支店、京都支店、小樽支店など国内各地に日銀の支店を初め数多くの建築を残している。それらは、今も各都市のシンボルとして親しまれている。

東京駅が完成して、いよいよ国会議事堂の建設が具体化し、設計コンペの審査が始まろうというときに辰野の体力は尽きてしまった。

葛西は、その後独立して設計事務所を開設し約二〇年間、盛岡に数多くの建築を残した。その一つ、赤レンガ館の斜め向いに残る盛岡信用金庫本店（旧盛岡貯蓄銀行）は幾何学的な柱頭を持った独創的な銀行建築であり、今もそのままの姿で盛

赤レンガ館の前で、葛西が設計した盛岡信用金庫が今も営業を続けている。よくある銀行建築のようだが、独創的なデザインが目を引く。

岡信用金庫として使われている。

　その姿は辰野葛西建築事務所時代のものとは全く異なるもので、葛西が独自の美意識を持っていたことがわかる。

　葛西は、一人で仕事をすることを好み、争いを好まず、建築界での交友も少なく、友人もほとんど作らなかった。

　しかし、家庭を大切にし、東京にいた時には毎週のように歌舞伎座、帝劇、東劇に妻と娘を伴い、さらに毎日のように銀座を散歩した。休日ができると必ず京都へ行き、老舗旅館柊家《ひいらぎや》へ投宿した。昭和一七年七九歳で没したが、最後まで健康で、直前まで事務所に出て仕事をしていた。

　赤レンガ館の美しい姿には、葛西の穏やかな心がこもっていることがわかる。


（岩手県盛岡市）

補修されて、創建時の３階建ての姿に戻った東京駅は、さすがに堂々たる風格だが、超高層ビルの谷間に埋もれてしまった感は否めない。

東京駅

設計　辰野金吾
一九一四（大正三）年

明治時代の近代建築といえば、誰でも思い浮かべるのが赤レンガの建築だろう。

その代表が東京駅であることには、誰も異論はないと思う。しかも丸の内のビジネス街で働く多くの人々が今も毎日利用しているのもすごいことで、まさに明治の近代建築の横綱である。

丸の内には、明治二七（一八九四）年に完成した三菱一号館に続いて明治、大正と次々に赤レンガのビルが完成し、びっしりとレンガ造のビルが続くビジネス街は、一丁ロンドンといわれていた。

そのはずれに東京駅が建てられたのは大正三年。

皇室用昇降口になっている中央部は、やや控えめな表現である。２階、３階は、ホテル、美術館、レストランなどとして使われている。

それ以降、東京駅を中心に丸の内のビジネス街が飛躍的に発展する。赤レンガの丸の内は大正、昭和の戦前・戦後を生き抜き、一九六〇年代、東京オリンピックの頃にレンガ街のビルが建て替えのため一斉に取り壊されるまで続いていた。

東京駅は、昭和二〇年の東京大空襲の爆撃を受けて上階を焼失。二階建てのまま仮の屋根をかけて駅舎として使われていたが、周辺の高層化の影響を受けて、超高層ビルに建て替える構想が発表され、危機を迎えた。しかし、多くの市民の声に押されて、平成十一（一九九九）年、建設時の姿に復元の上、保存が決定して、免震化を含む大工事の末、ほぼ竣工当時の姿に戻った。

設計したのは、辰野金吾。工部大学校造家学科（現・東京大学工学部建築学科）の第一回の学生

南北の出入口ホールは、ドームに覆われているが、建設当初のデザインに復元されており、鷲が飛び交うなど賑やかなデザインになっている。

四人の中の一人、イギリスから招かれたお雇い外国人建築家ジョサイア・コンドルの最初の教え子である。肥前唐津藩の下級武士の貧しい家の生まれながら、幸運にも東京に出て、出来たばかりの工部省工学寮に入学。秀才ではなかったが、強い意思と努力によって頭角を現し、最優秀で卒業すると、ロンドンへの三年間の留学と設計事務所での実務経験を経て、日本最初の建築家として帰国、工部大学校の主任教授となった。

しかし、辰野が目指したのは、教育者ではなく、自立した建築家という職業を日本に確立することであった。

このため、辰野は工部大学校の教授の職を一九年目に投げ出し、設計事務所の開設を目指した。九歳若い葛西萬司を相棒として、辰野葛西建築事

ホールの床は2階の回廊から見下ろすと興味深い模様が目に入ってくる。放射状のデザインは騙し絵のようで、歩行者がつまずきそうだ。

務所を設立したが、仕事には恵まれなかった。苦難の末、日本銀行本店の設計という大きなチャンスをつかみ、さらに、東京駅の設計を任された。

辰野は、常々、日本銀行本店、東京駅、国会議事堂という国を代表する大建築を設計したい、と語っていたが、ついに東京駅の設計を手にした。

建築家という職業がまだ理解されていなかった当時は民間にいて大きな仕事をとるのは至難の業であったから、この時、辰野は所員の前で万歳を三唱して喜びを表した。

しかし、設計は何度も計画の変更があり、苦難の連続で、竣工まで十一年もかかった。

その当時、東海道本線は新橋まで、東北本線は上野までだった。それを繋げば便利になるから、その中心に中央停車場を作る。皇居前、丸の内の

皇室用昇降口。内部には広間、左右に待合室、奥に休憩室があり、金色の布貼りの天皇・皇后の椅子が置かれているが、使われたことはない。

真ん中に駅を設けるという、今考えれば当たり前のことだが、この決定までに紆余曲折があった。

三三五メートルもある長い建築の中心に皇室のための出入口を作り、左右に一般市民のための出入口（南側に入口、北側に出口）を作ると決められた。ずいぶん不便な計画だが、戦後まで、これが続いた。

設計に着手してから、いよいよ本格的に検討する段階になって、またも重大な問題が浮上した。設計の担当者は、当時普及し始めていた鉄筋コンクリート造を考えていた。しかし、辰野はどうしても納得できない。長年使い慣れた赤レンガでやりたい。ドロドロのコンクリートが固まるといわれてもしっくりこないのだ。

辰野は最後まで譲らず、やはりレンガ造と決ま

右上：付け柱の持ち送り。右下：旧東京車掌区・東京要員機動センター入口の半円形と横縞。左上：ホテルベランダ。左下：皇室用昇降口門扉。

った。当時のレンガ造は、中にしっかりとした鉄骨が組み込まれており、鉄骨レンガ造というべきもので非常に強固であった。

竣工の九年後に関東大震災が起こり、東京駅の目の前で完成したばかりの丸ビルなどのビルに大きな被害があったにもかかわらず、東京駅は被害がなかった。東京市内の多くのレンガ造建築は倒壊し、それ以降、レンガ造は衰退し、鉄筋コンクリート造が主流となってゆく。

このため、東京駅は辰野の赤レンガ建築の最後の大輪の花であり、このあと日本のレンガ造建築は急速に収束に向かう。

辰野は、東京駅の竣工の五年後にスペイン風邪のため六四歳で逝去。国会議事堂の設計コンペの審査が始まった時だった。

(東京都千代田区)

真ん中に小屋根を載せた切妻造り、天然スレート葺きの薄い屋根。小屋根の窓は内部には無関係なので、外観のデザインのためにつけたか。

誠之堂

設計　田辺淳吉
一九一六（大正五）年

渋沢栄一は、生涯に五百もの会社の設立に関わり、日本資本主義の父といわれているが、その第一歩が第一国立銀行（のちの第一銀行）の設立だった。

紆余曲折を経て設立された銀行の頭取になると、そこを足場にして、王子製紙、東京鉄道、東京海上保険、東京瓦斯など重要な会社を設立し、経営を次々に軌道に乗せていった。

数多くの会社に取締役、監査役などとして関わり、総会の議長を買って出て、紛糾する会議を調停した。渋沢の豊富な経験と人望が信頼を勝ち得

内部は漆喰のヴォールト天井。可愛らしいシャンデリアが下がっている。窓枠にレンガがはみ出しているのが、賑やかな装飾になっている。

て、多くの仕事を任されたのだった。そのため、渋沢の毎日は分刻みで、会議に出席し、来客と面談する仕事で一日中予定が埋まっていた。

明治四〇年ごろ、渋沢の六十代には、企業活動の最盛期となり、同時に約三〇社の取締役や社長を務めていた。渋沢の場合、名前だけ貸すようなことはなく、真摯に経営をサポートし、会議に参加して、危機に瀕した会社の立て直しには身銭を切って支えた。

一貫して深く関わっていたのが第一銀行で、多忙な毎日の中でも必ず第一銀行には顔を出すというほど大切にしていた。

大正五年、七六歳になった渋沢は第一銀行頭取を辞任し、一切の役職から身を引くことにした。その機会に第一銀行の関係者が渋沢の喜寿（七七

深い軒下の空間は、余裕のあるベランダになっており、ベンチも据えられていて、落ち着いた気持ちの良い時間が過ごせそうだ。

歳）のお祝いとして建てたのが誠之堂《せいしどう》である。

誠之堂は、第一銀行が所有していた世田谷の「清和園」に建てられ、当初は、第一銀行の関係者の集会所として使われていた。

設計したのは清水組（現・清水建設）の建築家田辺淳吉。

色違いのレンガを無造作に積んだ壁に、天然スレート葺きの屋根。煙突と小屋根を載せた、こぢんまりとしたイギリスの田舎家を思わせる建築。ベンチのあるベランダは余裕を感じさせる。

内部の漆喰塗りのおおらかなヴォールト天井には鶴、雲、などがデザインされ、そこからシンプルなシャンデリアが下がっている。

暖炉脇の六枚の窓には論語を好んだ渋沢のため祝福されている中国の貴人の図柄などがステンド

6枚のステンドグラスは、中国の貴人が祝福を受けている図柄になっている。規則的な縦線の中に埋め込まれた図柄が洒落ている。

グラスで描かれ、煙突には、レンガを組み合わせて、「喜壽」の文字が図案化されている。

全てに渋沢への感謝の気持ちがこもっている。全体に、きめ細やかに、隅々まで気持ちの行き届いた、端正にして風雅な、まるで工芸品のような建築、大正時代らしい建築である。

平成九年この敷地が売却され、建築は取り壊されることとなり、足場がかけられた。これに気がついた建築関係者が驚いて、渋沢と縁の深い深谷市に連絡した。深谷市の担当者が即座に現地調査のうえ移築を決断、第一銀行の後身、第一勧業銀行と掛け合って移築の了承を取り付けた。

しかし、レンガ造の建築の移築は前例がなく、苦心の末、大きなブロックに分割して解体し、深谷まで運搬のうえ、組み立てた。（埼玉県深谷市）

ゆるい勾配の瓦屋根、深い軒下の空間、小さいながら、おおらかに招いているような佇まい。一見和風のように見えるが、洋風にも見える。

晩香廬

設計　田辺淳吉

一九一七（大正六）年

数々の会社を軌道に乗せ、六九歳になった渋沢栄一にはさらに大きな仕事が待っていた。五〇人もの経済人を引き連れてアメリカの諸都市を歴訪するという親善使節の団長の大役だった。アメリカ大陸を西から東まで往復するコースで、六〇にのぼる都市を訪問し、会社、工場、文化施設など様々な施設を見学し、大統領の他、各地で歓迎晩餐会などを通して多くの経済人らと友好を深め、日米の交流に大きな足跡を残した。

この「渡米実業団」に加わっていた大阪の株仲買人岩本栄之助はアメリカの富豪が公共事業に私

大きな丸みのある踏み石、並んだ丸石、四角い切り石、そして不整形の石を組み合わせた石組み。来客を玄関に導くこまやかな心がこもっている。

財を惜しみなく投じている姿に感動し、自分も私財をなげうって大阪市中央公会堂を建てた。この経緯は後に詳しく書きたい（四八頁）。

また、清水組の支配人原林之助と社員だった建築家田辺淳吉もこの視察団に加わり、田辺はアメリカを見学したあと、一人でヨーロッパに渡り、各都市を視察している。

田辺は、明治十二年に東京本郷に生まれているが、生来芸術的な才能に恵まれ、東京帝国大学を卒業すると、清水組に入社、技師長として数多くの建築を設計している。その中に清水組が渋沢の喜寿を祝って贈った「晩香廬《ばんこうろ》」がある。

これは一室だけの小さな建築だが、庭、建築から家具、調度まで、当時の一流の工芸家たちの協力を得て完成した、隅々まで目の行き届いた工芸

なだらかに迫り上がった漆喰塗りの天井。四角いライト。手の込んだテーブルと椅子のセット、そして暖炉と、全てが見事に調和した部屋。

作品のような建築である。

外観は、瓦屋根の和風を感じさせるものだが、ゆるい勾配など、なんとなくスパニッシュを感じさせ、玄関へのアプローチも、和風ではあるが、大きな踏み石などどこか意表をついたところがある。玄関を入ると、正面もガラス戸になっており、ちょっと惑わされる構成だし、部屋に入ると浅く盛り上がった漆喰の天井が心地よい。しかし、なんといっても大きなマントルピースがこの部屋の主役である。レンガの壁の緻密な構成がいくら見ても飽きさせない。

明治時代の西洋一辺倒から脱して、すでに自分の美意識に基づいて自由に設計できた、大正時代の建築の特徴がよく出ている。

洋風も和風も研究し尽くして、和・洋が渾然一

部屋の主は渋く焼き上げたレンガを積んだ暖炉。暖炉の上には喜寿を祝う壽の字のデザイン。左右の窓のガラスの網目のような格子が美しい。

体となった、自由な表現力が凝縮した、大正建築の傑作といいたい。

田辺は清水組に就職して、一七年間勤務した後、設計事務所を開くとまもなく関東大震災に見舞われ、その後始末のような仕事をこなすうちに過労がたたって四七歳で息を引き取った。

清水組は三代目の満之助が三四歳で死亡した時、長男がまだ八歳だったため、未亡人と支配人が経営を引き継いだが、この時渋沢栄一を相談役として迎え、経営の指導を受け、なんとか難局を切り抜けた。その後も渋沢の指導を受けて経営が軌道に乗ったため、渋沢の喜寿を祝って、清水組から渋沢に贈られたのが晩香廬だった。

晩香廬の名称は渋沢が自作の漢詩の一節「菊花晩節香」から取って命名した。（東京都北区）

四角い鉄筋コンクリートの塊が２つ、その前面に大きな窓。どう見ても近代建築。目の前に建つ晩香廬とはまるで違うので、戸惑ってしまう。

青淵文庫

設計　田辺淳吉
一九二五（大正一四）年

渋沢栄一は、東京深川に自宅を構えていたが、書生部屋には多くの青年たちを住まわせていた。明治一九年、彼らが切磋琢磨して勉学に励み、その成果を発表する会「竜門社」を発足させた。

会は次第に外部からも人を集め、出版や、講演会などへと活動を広げていった。

この竜門社（現・公益財団法人渋沢栄一記念財団の前身）が、渋沢の八〇歳（傘寿）と男爵から子爵への昇格の機会にお祝いに贈ったのが、青淵《せいえん》文庫である。

当初は、『論語』を何よりも大切にして生きる

大きな窓を縁取る重厚な枠と、柱、窓の上のステンドグラス。周辺の平坦な壁面と対照的に、このあたりだけ装飾が集中的に使われている。

指針としていた渋沢が集めた論語をはじめとする膨大な漢文の書籍のための書庫として建設する予定だったが、途中で関東大震災に遭遇し、蔵書の大半を焼失してしまったので、用途を少し変更して、二階は書庫、一階は接客のためのレセプションルームとして建てられた。

「青淵」は、渋沢の雅号であった。

設計は、晩香盧と同じ田辺淳吉、といっても、田辺は大正九年には清水組を退社して、大学時代の恩師中村達太郎と中村田辺建築事務所を開設していたので、正しくはこの事務所の設計だ。

渋沢邸は当初、深川にあったのだが、連日押し寄せてくる来客との面会のため王子の飛鳥山に別宅を作った。ここが気に入り、明治三四年には大きな西洋館と和館を建てて、ここに移り住んだ。

1階の主室は南向きの窓を持った大きな部屋で、会議室や談話室として使われたと思われる。窓の上のステンドグラスが彩りを添えている。

そこへ晩香廬と青淵文庫が加わったわけだ。

渋沢は原則として来客を断らなかったので、毎日来客が引きも切らず、朝から来客を迎えて、誰とでも顔を合わせて相談に乗り、アドバイスを与えた。これらの建築は、そんな来客の応接間として利用された。

晩香廬は木造の小さな平屋である。一方で青淵文庫は、間に関東大震災を挟んでいるせいか、書庫として計画されたためか、レンガ及び鉄筋コンクリート造の堅牢な二階建てである。そのため、二つは設計者が同じで、すぐ近くに建っているにもかかわらず、その表情は全く異なっている。

晩香廬はかなり和風の気配が漂った優しい表情を持っているのに対し、青淵文庫は洋風というか、近代建築の面影がかなり強い。さらに興味深

右上：階段の外観。右下：２階の書庫へ向かう階段。左上：窓の外の柏の葉と実をあしらったタイル。左下：ステンドグラスにも柏の葉と実。

いのは、建築の至る所に渋沢家の家紋（丸に違い柏《かしわ》）に由来する、柏の葉や実がデザインされていることだ。つまり渋沢の業績を讃えて、感謝する気持ちが溢れた建築になっているのである。

それは、この建築が竜門社、つまり渋沢に育てられ、そこから羽ばたいていった人々が感謝を込めて贈った建築だったからである。

ここに建っていた木造の大きな自邸は戦災で失われたが、晩香廬と青淵文庫は残されて旧渋沢庭園として保存・公開されている。

世田谷から深谷に移築された誠之堂とともに、三つの建築は、渋沢に恩義を感じていた人々が、晩年の渋沢に贈ったプレゼントであり、すべて田辺淳吉の設計による味わい深い大正建築の傑作なのである。

（東京都北区）

朝日を浴びて輝く東向きのファサード。２本の塔に挟まれた正面の赤白の半円形アーチは、この建築を最も特徴付けているシンボルだ。

大阪市中央公会堂

設計　岡田信一郎（実施設計　辰野金吾・片岡　安）

一九一八（大正七）年

大阪市中央公会堂建設のきっかけを作ったのは、岩本栄之助（一八七七〜一九一六）という株の仲買人だった。

岩本は、両替商「岩本商店」の次男。旧制大阪商業学校卒業ののち日露戦争に従軍、除隊後、株の仲買人となる。日露戦争後の株式暴騰、暴落を乗り切り、仲間を助けると共に、自身も莫大な利益を得て、「北浜の風雲児」の異名を取った。

明治四二年、渋沢栄一が率いる「渡米実業団」（四〇頁）に加わり、アメリカの富豪が公共事業に私財を投じて社会に貢献していることを知って

土佐堀川を渡った対岸からは公会堂の全体を見ることができる。大・中・小の集会室を備えた、大きな建築だということが実感できる。

感銘を受け、旅行中に父を失うと、その遺産に自分の財産を合わせて百万円を大阪市に寄付した。今の価値で五〇億円といわれている。大阪市は、この百万円を元に、市民の誰もが利用できる公会堂を建てることを決定した。

建てるからには日本中でどこよりも優れた建築にしようと、建築顧問に建築界の第一人者辰野金吾を迎え、設計は「懸賞金付き設計競技」とし、大正元年当時、実力、実績の豊かな建築家一七名を指名した。その中に、実績はないが優れた若者を一人忍び込ませたのは、辰野金吾だった。

その結果二九歳の若者、岡田信一郎が一席を取って世間を驚かせた。岡田は後に歌舞伎座、明治生命館などを設計し、特に東京丸の内の明治生命館は明治、大正、昭和を通して様式建築の最高傑

特別室の天井には、『日本書紀』の日本誕生の神話、イザナギ、イザナミが国作りの矛を授かる劇的なシーンが天井いっぱいに描かれている。

作と評されその評価は今も変わらない。

実施設計は、辰野金吾がパートナーの片岡安（一八七六～一九四六）とともに進めたため、レンガと花崗岩による赤と白の辰野建築の色合いが強くなったが、正面上部の大きなアーチをはじめ全体のデザインは岡田の案そのままである。

辰野金吾は東京と大阪に設計事務所を設けて拠点を構えたのだが、東京で組んだのが葛西萬司（岩手銀行赤レンガ館、二四頁）で、大阪で組んだのが片岡だった。

片岡は辰野より二二歳若かったが、まだ設計に対して対価を払う習慣が定着していなかった大阪で、施主に設計料を認めさせるため精力的に仕事をこなした。後年、「お前たちが建築設計で生きているのは、誰のおかげだと思っているんだ」と

特別室の窓は、正面から見えた大きなステンドグラス。２羽の鳳凰が大阪市の市章「澪標（みおつくし）」を取り囲んでいる図柄。

啖呵を切ったが、そう言えるだけの努力を惜しまなかった。また東京の建築学会に対して、大阪の建築家をまとめて日本建築協会を組織したり、都市計画の必要性を説くなど、大阪の建築家の先頭に立って活躍した。

第一次世界大戦が始まると、岩本は暴落を予測して株を売り続け、予想に反して莫大な損失を出してしまう。周りからは大阪市から寄付金を少しでも返してもらえと助言されたが、「一度寄付したものを返せなど、浪速商人の恥」と断り、大正五年一〇月二七日ピストル自殺を遂げる。皮肉なことに十二月には岩本の予想通りに株価は大暴落したが、手遅れだった。

岩本は、義侠心に富み、人望があった。享年三九、早すぎる死だった。

提供：大阪市中央公会堂

大集会室は、舞台、支柱、シャンデリアなど細部まで創建時の姿がよく残されており、今もそのまま講演会やコンサートに使われている。

中央公会堂が竣工したのは、大正七（一九一八）年、岩本の死の二年後だった。大、中、小の集会室を備え、大集会室ではヘレン・ケラー、ゴルバチョフらの講演会の他、ロシア歌劇団の「アイーダ」、イタリア歌劇団の「椿姫」の公演などが行われ、市民に親しまれてきた。

一度は取り壊して建て直す案も検討されたが、平成一四（二〇〇二）年に耐震補強と全面的な保存・再生工事ののちリニューアルオープンし、同時に近代建築としての高い価値を評価されて重要文化財に指定された。前述の東京丸の内の明治生命館も重要文化財に指定されており、岡田は東京・大阪の両都市に重要文化財の建築を残すことになった。

中之島は、北は堂島川、南を土佐堀川に挟まれ

提供：大阪市中央公会堂

3階の中集会室は、大広間を回廊が囲んでおり、コンサート、ダンスパーティ、講演会など多様な集会が可能な豪華な部屋だ。

た中州で、日本銀行大阪支店（設計・辰野金吾、明治三六年）、中之島図書館（設計・野口孫市、日高胖、明治三七年）など重要な建築が建つ大阪の経済と政治の中心である。その中央で今も大阪の文化を象徴するように中央公会堂が華やかな姿を誇っているのは見事である。

特に二つの塔の間に大きな半円形の紅白のドームがそびえている姿は、他に例がなく、文字どおり大都市大阪のシンボルになっている。

中之島にはかつて渡辺節設計（担当・村野藤吾）の東京の丸ビルと比較される名建築「ダイビル本館」があったが、建て替えられた。しかし、近年、さらに西に国立国際美術館（設計・シーザ・ペリ）や中之島美術館（設計・遠藤克彦）などが完成し、大きく変貌している。（大阪府大阪市）

神戸港に出入する船から一番目立つ海岸通に建っている。角を中心にデザインされ、石造を強調した1階、6階の軒が水平線を強調している。

神戸商船三井ビル
（旧大阪商船神戸支店）

設計　渡辺　節
一九二二（大正十一）年

日本の近代海運業は乱立と統合の繰り返しだった。その中から抜きん出たのが東の日本郵船と西の大阪商船（現・商船三井）。この二社が世界に飛躍する契機となったのが第一次世界大戦で、大阪商船はこの急拡大の時期に、次々と本社、支店ビルを建設。その手始めがこのビルだった。

横浜についで開港した西の玄関口・神戸港に臨む海岸通に建ち、港を目指す船からもひときわ映える、白く輝くシンボリックなビルだ。これを設計したのは三八歳の渡辺節だった。このビルの成

1階角のメインエントランス。石の装飾が繊細かつダイナミック。過去の様式にとらわれない独創性で、会社の風格を力強く表現している。

功により、本社大阪ビルヂング（ダイビル本館）をはじめ大阪商船のビルを次々に手がけることになる。

渡辺は、明治一七（一八八四）年、東京麴町に生まれた。東京帝国大学の建築学科を卒業すると、韓国政府度支部《たくしぶ》に就職。

韓国で四年ほど仕事をした後、大阪駅の設計のため、鉄道院西部鉄道管理局に呼ばれたが、ちょうどその時、明治天皇が崩御し、大正天皇の即位の大典のため、京都駅の建設という重要な仕事を命じられる。

渡辺がまとめた案は、中央の烏丸通に面した入口を一般客の出入口とし、その横に貴賓室玄関を設けるというものだった。

同じ時期に辰野金吾が設計していた東京駅は、

1階の壁面は、いかにも重厚な石造建築を思わせる厚みのあるデザイン。街並みに欧米の街路を思わせるような豊かな風情を漂わせている。

中央に皇室のための出入口、左右に市民の入口と出口を作るものだったので、天皇の入口を横につけた渡辺の案には鉄道院の上層部が強い拒否反応を示した。しかし渡辺は、天皇は年に何度使うかわからないが、市民は毎日使うのだからと一歩も譲らず、一年しかない建設期間のうち三か月もかけて説得し続け、ついに主張を貫いてしまった。

京都駅ができると鉄道院を退職し、大阪に設計事務所を立ち上げた。そこに最初に舞い込んできた本格的な仕事がこのビルだった。

渡辺はこの仕事のため、欧米に視察旅行に出る。特にアメリカの合理的な建設技術に学ぶところが多く、その設計、技術、材料を貪欲に取り入れ、鉄骨、テラコッタ、蝶番、錠前に至るまで買い付け、大阪商船の船で運んだ。こうして渡辺

荒石積みの外壁が、入口上部のアーチで突然滑らかな曲面に変わる、なんともたくみな技を凝らした石工の技術にうっとり見惚れてしまう。

は、合理性、経済性、時間短縮など大阪商船の厳しい要求を満たしながら、格調高いビルにまとめあげた。我々の目には石の彫刻など、豊かな装飾が特徴の重厚なビルと映るが、実は、合理的な建設方法、合理的な設計に心を砕いていたのだ。

渡辺が大阪で成功したのは、安く、早く、それでいて頑丈さと美しさを追い求めたからだろう。仕事には厳しかったが、人間的魅力に富み、長身かつ美男子で、話術に長けていたため人を引きつけたという。

事務所を始めるに当たって所員を求めて上京し、早稲田大学を訪ねた。そこで目についた学生が、村野藤吾だった。村野はすでに大林組に就職が決まっていたが、渡辺は大林組を説得して、村野を事務所に連れ帰った。

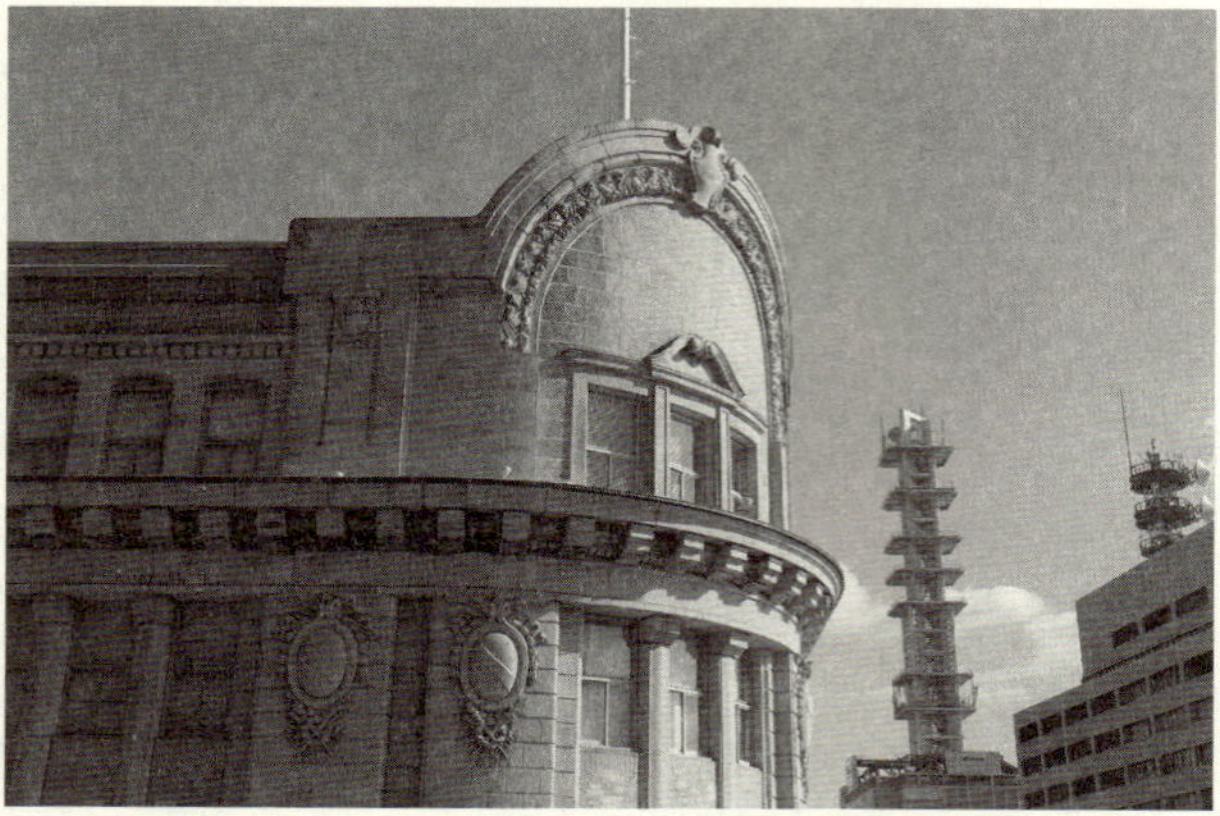

コーナー上部の冠状の部分。この建築を最も特徴づけているデザイン。神戸へ帰ってきた船は、これを確認して安心したのではないだろうか。

村野は学生時代、すでに様式主義を嫌って近代の建築に関心が向いていたが、渡辺の事務所では、「売れる設計をしてくれ」と言われ、様式建築の装飾、窓周りの細部など徹底的に鍛えられた。二、三年下働きをしてその能力を認められると、その後は渡辺の右腕となって活躍した。

間もなく渡辺から、アメリカへの出張を命じられる。表向きの用件は当時設計中の銀行の金庫扉と外装用のテラコッタの研究だったが、本当の目的はアメリカ建築の見学と体験だった。

渡辺が指示したのは、太平洋の横断は外国船で行くこと、カナダに着いたらホテル・バンクーバーに泊まって、最初に散髪してもらいながら靴を磨かせ、マッサージとマニキュアをしてもらうこと。シカゴに着いたら一流ホテルに泊まり、地下

建築を装飾する石工の技術がこれほど巧妙に発揮された建築は他にないかもしれない。明治時代を通して磨き上げた技術の成果がここにある。

でアイスショーを見ながら食事をする、ニューヨークでは一流ホテルを次々に体験するなど、仕事の余暇は一見遊興三昧のように見えたが、村野にとってこれは重労働に等しい苦行だった。しかしこの体験は村野の血肉となった。

村野は渡辺の最盛期に十三年間在籍して渡辺を支えたが、独立したのち、戦前戦後の建築界に常に話題作を提供して活躍した。渡辺から仕込まれた建築家の魂は、村野の代表作、日生劇場、プリンスホテルなどを通して現代に生きている。

渡辺は、関西建築界の重鎮として、戦後は大阪府建築士会会長など要職を務め、八二歳で静かに息を引き取った。

このビルは竣工から百年を経て、今もオフィスビルとして大切に使われている。（兵庫県神戸市）

エントランスとドームのある塔を中心に、左右に大きく腕を広げた、堂々たる姿はいかにも中部地方の司法の殿堂にふさわしい見事なものだ。

名古屋市市政資料館
（旧名古屋控訴院・地方裁判所・区裁判所庁舎）

設計　山下啓次郎・金刺森太郎
一九二二（大正十一）年

ＮＨＫ朝ドラの「虎に翼」で話題になった、名古屋の市政資料館は、元は、大正十一年に建てられた「名古屋控訴院・地方裁判所・区裁判所庁舎」だった。

控訴院とは旧憲法の下での裁判所の一つであり、今の高等裁判所で終戦直後まであった。国が全国八か所に建てたものの一つ、そのうち今も残っているのは、札幌と名古屋のみだ。

朝ドラのモデルになった三淵嘉子《みぶちよしこ》（一九一四〜一九八四）は明治大学専門部女子部法科に入学、

中心部に装飾を集中させ、単なるオフィスビルではない司法の権威を力強く表現している。モダニズムの建築が忘れてしまった建築の役割だ。

卒業後、日本初の女性弁護士になり、昭和二七（一九五二）年十二月名古屋地方裁判所に判事として赴任し三年半の任期を全うした。

三淵は、家庭裁判所の仕事も長く、被告にも親身になって寄り添ったと言われているが、同時に、東京地方裁判所判事として「原爆投下は国際法違反」との判決を下したこともある。

この建築を設計したのは司法省営繕課の山下啓次郎（一八六八〜一九三一）と、金刺《かなさし》森太郎（一八六三〜一九二九）。

山下は、鹿児島出身で、明治二五（一八九二）年に帝国大学を卒業した優秀な建築家で、司法省で奈良監獄、長崎監獄、千葉監獄など五大監獄を設計した刑務所建築の第一人者とされている。その孫の山下洋輔はジャズピアニストとして有名。

玄関を入るといきなり巨大な階段が３階へ導いてくれる。正面には裁判所を象徴する天秤をあしらったステンドグラスの窓が輝いている。

一方金刺は山下より年長ながら、旧制韮山《にらやま》中学校を卒業後、数々の建築現場で経験を重ねてきた叩き上げの建築家だ。

山下はこの金刺を取り立てたので、二人は多くの建築で協力してきた。金刺も山下を慕って、なんでも相談できる間柄だった。

この建築は山下と金刺が信頼しあって完成した、隅々まで気持ちの通った建築である。

完成した建築は、レンガと鉄筋コンクリートでできたネオ・バロック様式の堂々たる作品である。山下が辰野金吾の教え子だったせいか、赤レンガと白い花崗岩が縞模様になった辰野式の特徴が強く出ている。完成の翌年には関東大震災があったので、これが本格的なレンガ造の最後の建築になったといわれている。

裁判所は、裁判官、被告人、検察官、弁護士などの配置が決まっているが、天井は工夫の余地があるため、照明器具で特徴を出している。

中に入ると目の前に伸びる堂々たる階段に圧倒される。大きな階段の上にはステンドグラスが輝いているが、そこには、天秤が描かれ、罪と罰がバランスする裁判所の理念が示されている。ヴォールト状の天井には万人を明るく照らす陽の光を示す明るいステンドグラスが入っている。

このあたりが、朝ドラでも重要な場面で繰り返し使われた。

控訴院の建築は長年中部地方の司法の中心として大きな役割を果たしてきたが、三の丸に新しい建築を建てるため、昭和四九（一九七四）年には控訴院の取り壊しが決まった。

これに驚いた名古屋市役所の若手職員たちが「名古屋青年都市研究会」を結成し、勉強会を始めた。その成果を『建築的文化遺産の保存に関す

ドームはこの建築のシンボルだ。角ばった台座まではレンガ造だが、ドームは軽快な木造。張り出した控え壁は補強のため後からつけたもの。

る研究』と題する冊子にまとめ、名古屋大学の建築史の権威者、飯田喜四郎教授に届けた。教授はその重要性を認め、序文を書いてくれた。これが市役所内、建築界、マスコミに広く伝わり、この建築の保存のみならず、名古屋のまちづくりのあり方にまで大きな影響を与えることになった。

日本各地で建築の保存運動が起こってきたが、名古屋の場合、行政の中の若者が運動の中心だったのが画期的なことだった。

建築の保存とひと口にいっても、いろんな法律が絡んで、困難な問題が次々に起こるのは普通のことである。行政の中の人々が保存運動の中心だったということが効いている。

興味深いのは、重要文化財に指定するに当たって、普通は、建物全体をひとくくりに指定すると

右：階段の手すり子は、設計者の金刺が自分の名前の金の字をここに入れたという説がある。左：玄関大階段の突き当たりのステンドグラス。

ころを、外観、大階段、三階会議室の三か所に絞ったことである。そのため、のちの補修の際に、補強の工事にかなり自由な裁量が残された。例えば、吹き抜け上部のレンガ壁の補強のため、外側に控え壁を加えているが、原状からの変更を認めない重要文化財だったらむずかしかったことである。保存においてはきめ細かい配慮が後々効いてくることがわかる。

こうしてかつての裁判所は市政資料館として生まれ変わり、市民に開放された。開館したのは平成元（一九八九）年、一〇年以上かかって保存運動が実を結んだわけだ。

名古屋とともに保存されている札幌の控訴院は、札幌市資料館として公開されており、当時の部屋がよく保存されている。

（愛知県名古屋市）

2階の大きな横長のガラス窓が応接室。その下の吹き抜けを進んでゆくと、右手に玄関がある。なんとも意表を突いたアプローチだ。

ヨドコウ迎賓館（旧山邑家別邸）

設計　フランク・ロイド・ライト（実施設計　遠藤　新）
一九二四（大正十三）年

大正十二（一九二三）年九月一日、東京日比谷の帝国ホテル新館は、各界の名士五百人を招いた落成記念披露宴の準備に多忙を極めていた。アメリカ人建築家フランク・ロイド・ライトは、工事費が予算オーバーしたなどの理由で工事の途中で解任され、一年ほど前に帰国していた。

あとを任されていたのは五年間ライトの下で助手を務めた遠藤新《あらた》だった。

この日も遠藤はバンケットホールの最後の仕上げを確認中だった。

水平線へのこだわり。ライトが日本建築から学び、その後一貫して繰り返し追求してきたこのテーマがここに見事に展開されている。

十一時五八分、突然床を突き上げる激しい揺れに襲われた。関東大震災である。都内のあらかたの住宅とビルが倒壊と火災によって失われる中、幸いなことに帝国ホテルの被害は軽微で倒壊は免れた。軟弱な地盤に対するライトの周到な構造計画が成功したあかしだった。

今からおよそ百年前のことだ。

当時の帝国ホテルは、渋沢栄一ら政財界の期待を背負って明治二三（一八九〇）年に開業したが経営状態が悪化、その立て直しのために指名されたのが、アメリカでの生活と美術商としての経験が長く、欧米のホテル事情にも精通していた林愛作であった。

林は、帝国ホテルの新館の設計者は以前から目をつけていたライト以外にないと考えていた。当

応接室。平らな天井、その周りに並ぶ小さな窓は風を取り入れるためのもの。彫刻が施された大谷石の柱が帝国ホテルを思わせる。

時のライトは、まだシカゴ郊外の一連の住宅の設計で一部に名を知られていたに過ぎない。しかも、施主の夫人との不倫の末、海外に逃避、さらに使用人にその夫人を殺され新居に放火されるなど、最悪の状況だった。

そのため、ライトは林からの依頼にすぐに飛びついた。来日すると、直ちに数人の助手を雇い入れたが、その中に東京帝国大学卒業直後の遠藤もいた。ライトは仕事熱心な遠藤を特別可愛がった。

日本に滞在中、帝国ホテルの工事の傍ら、ライトが、灘の酒蔵、山邑《やまむら》酒造（現・櫻正宗）の当主・山邑太左衛門の別邸として設計したのがこの建築だ。依頼のきっかけは、山邑の娘婿の星島二郎（元衆議院議長）が遠藤と懇意だったためで、ライトは敷地となる六甲山の麓の高台を視察し、

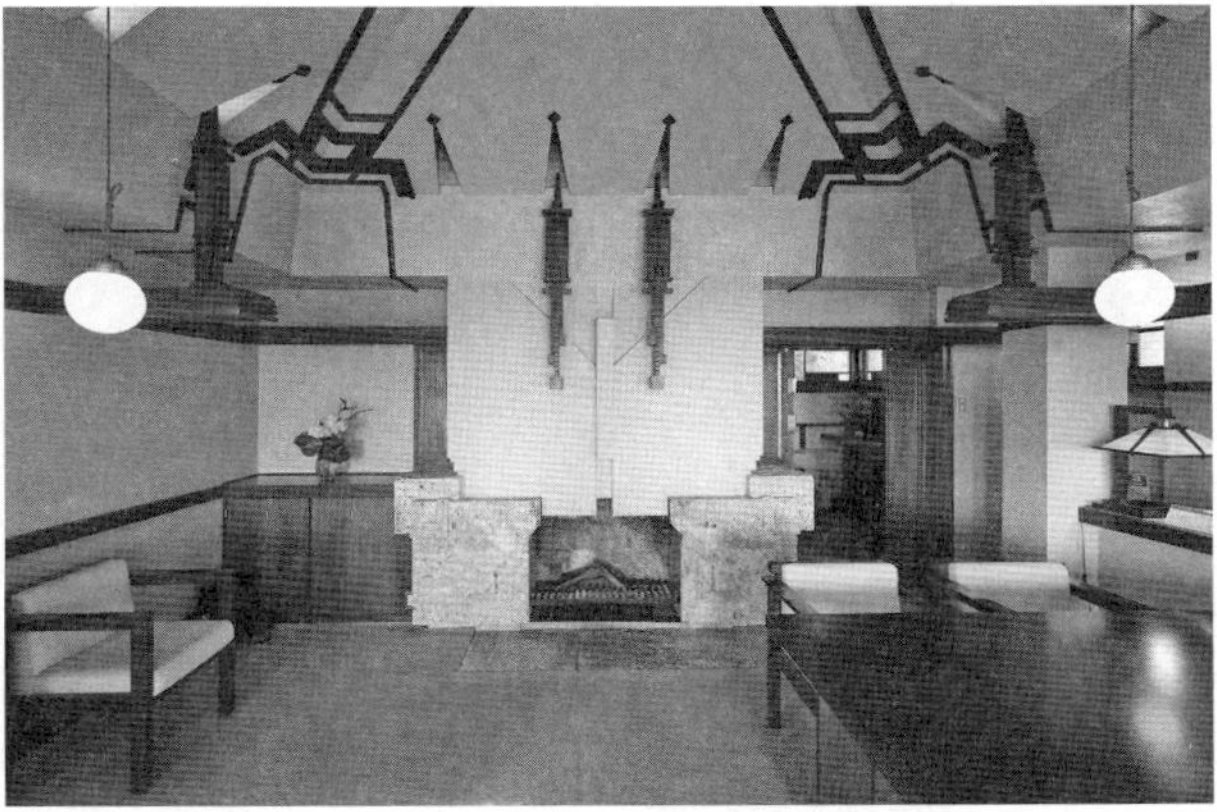

食堂は左右対称で、少し堅苦しい感じがするが、家族が時間を共有する食事は大切な時間と考えていたライトの気持ちがこもっている。

すっかり気に入って設計を引き受けた。基本設計ののちライトは帰国してしまったので、遠藤と南《みなみ》信《まこと》が実施設計を担っている。

このため、山邑家別邸は、規模は小さいものの、同時期に進行していた帝国ホテルとよく似た作りが随所に見られる。ライトは帝国ホテルの石材に大谷石《おおやいし》を選び、ひと山購入して大量に日比谷のホテル工事現場に運び込んだが、同じ大谷石がここでも使われた。

日本ではライトの設計した建築は六件が実現したが、そのうち二件が建築当初の姿で現存し公開されている。東京目白の自由学園明日館《みょうにちかん》、そしてこの旧山邑家別邸である。

ライトはこれ以後来日していないので、完成した姿を一切見ていない。しかし、どれもライトの

屋上へ出て振り返ると、出口の向こうに六甲山の森、反対側には、芦屋の市街地を越えて瀬戸内海を望む大きな展望がひらけている。

思い通りに完成したのは、深く信頼を寄せた弟子、遠藤がライトの思いを汲んで忠実に実施設計にあたったからである。

山邑家別邸は、六甲山から伸びている尾根の先端にあたり、芦屋の市街地から瀬戸内海まで見晴らす絶好の敷地に建っている。斜面の高低に合わせて部屋が配置されているため、玄関を入ると次々に部屋が展開し、自然に四階まで達している。

戦後は、進駐軍の社交場として利用されたこともあった。

昭和二二（一九四七）年に、屋根材などで有名な大阪の淀川製鋼所の手に渡り、社長邸などに使われていたが、昭和四五（一九七〇）年頃に、取り壊してマンションを建てる計画が浮上した。

これに驚いたのが建築史研究者たちだ。関係者

右上・下：不思議な形の窓飾りが角度を変えてあちこちに散らばってい
る。左上：応接室の大谷石の柱と照明器具。左下：食堂の大谷石の暖炉。

に要望書を出して再考を促し、代表者が社長と面会し、建築の歴史的価値、保存の必要性などを説明すると、社長は理解を示し、その場で保存を確約した。

昭和四九（一九七四）年、大正時代の鉄筋コンクリート造の住宅建築として初の重要文化財に指定され、大規模な改修を経て、平成元年より「ヨドコウ迎賓館」として一般公開がはじまった。

これだけの建築を一企業が自費で改修の上、一般公開まで行っているのは、経営者にとって大変な決断であり、称賛に値する。

会社が顧客をもてなすために使われていた「迎賓館」という名称を生かして、今では広く市民を受け入れる新しい「迎賓館」として生まれ変わっている。

（兵庫県芦屋市）

左側が長く伸びた赤い三角屋根、小さな３つの明かり取り、大きなアーチ状の窓。この印象的なファサードは、復元された旧国立駅舎。

旧国立駅舎

設計　河野　傳
一九二六（大正一五）年

明治時代が終わって、大正時代になると、「文明」から「文化」へと時代の空気が変わっていった。国家や産業のための建築から市民のための建築へと関心が移っていった。

華やかな大正文化が開花・成熟したところに、大正十二年、関東大震災が首都東京を襲う。神田一ツ橋にあった東京商科大学（現・一橋《ひとつばし》大学）は、校舎がほぼ全焼し、学長の佐野善作は、キャンパスの郊外への移転を模索していた。

その頃、不動産会社「箱根土地」の堤康次郎《やすじろう》は、軽井沢、箱根の広大な原野を開拓し別荘地と

ロータリーの真ん中の丸い広場の植え込み、その向こうの三角屋根が復元された旧国立駅舎。そのうしろに並ぶ縦線は、JR 中央線の国立駅。

して売り出していたが、次第に東京郊外の住宅地の販売に目標を移していた。大泉学園、小平学園など、大学を誘致して学園都市として売り出すことを試みたが学園都市としては不完全だった。

かつて、中央線（現・JR中央線）の国分寺と立川の間は「ヤマ」と呼ばれる広大な原野だった。堤はここに目を付け、東京商科大学を誘致し、本格的な学園都市を作ろうと考えた。これは佐野の希望と一致するものだった。

佐野は、大学に相応しい文化的な環境と駅の設置を要求し、堤はこれを受け入れて自前で駅を建設し、鉄道省に寄付する「請願駅」を申請した。

駅名は国分寺と立川から一字ずつ取って国立《くにたち》とした。駅の南側に広がる広大な原野を買い取り一つの都市として開発し、その中心に東京商科大学

庇は鉄道に使われていた古レールで支えられている。レールの製造地は八幡製鐵所の他、イギリス、ドイツ、アメリカ、ベルギーなどだった。

を置く極めて野心的な計画がスタートした。

腹心の部下中島陟《のぼる》を派遣して欧米の都市を調査させ、できたのが、駅前にロータリーを設置し、そこから真っ直ぐに大通り、さらに左右に斜めの道を引き、宅地はすべて、碁盤の目のように区画する壮大な都市計画だった。

最も目を引くのが中心の大通り、大学通りだ。その幅は二四間（約四四メートル）。中央に車道、その両側に緑地帯、その外側に遊歩道。その合計が四四メートルだ。

銀座通りの二七メートルよりはるかに広く、大阪の中心を貫通する御堂筋《みどうすじ》と同じ幅なのだ。

駅前のロータリーから左斜めの道を旭通り、富士山に向かう右の道を富士見通りと名付けた。

大学通りを挟んで、左右に大学の本科と専門部

三角屋根の下の大きな部屋は、待合室を中心とした多目的スペース。駅ピアノが置かれたりして、待合室兼市民の交流の場になっている。

に分かれ、伊東忠太の設計でロマネスク風の兼松《かねまつ》講堂、図書館など、これに調和した校舎が松林の中に建設されていった。

この他に国立《くにたち》音楽大学、国立《くにたち》高校、小中学校と多くの学校が建設されたが、産業、遊興施設は許可しなかった。学園都市の理想は貫かれた。

駅舎を設計したのは、河野傳《つとう》（一八九六～一九六三）。宮崎県出身、京都高等工芸学校図案科（現・京都工芸繊維大学）で本格的な建築教育を受けた後、帝国ホテルの建設現場でフランク・ロイド・ライトの下で働く。その後箱根土地に入社し、会社が開発した、渋谷百軒店《ひゃっけんだな》の劇場、池袋白雲閣、軽井沢グリーンホテルなどを設計した他、箱根土地が売り出した目白文化村などの住宅地で多くの住宅を設計した。

© Google Earth

駅前のロータリーから三方に道路が伸びている。中央が大学通り、左が旭通り、右が富士見通り。大学通りを挟んで左右に一橋大学の敷地。

国立駅は、同じように河野が箱根土地の社員として、堤の下で設計したものだ。赤い三角屋根が特徴だが、特に、左右が非対称で、左の屋根が長く伸びた形が印象的だ。竣工は大正一五年。

この駅舎は国立市のシンボルとして市民から永年親しまれてきたが、JRが中央線を高架にした平成一八（二〇〇六）年に撤去された。市民はこれを惜しみ、いつの日か再建を期して部材を全部保管した。再建のためには、いくつもの難しい課題があったが、市民の粘り強い努力で解決してついに令和二（二〇二〇）年再建され、ほとんど当初の姿を取り戻した。

再建されたのは、JR国立駅のすぐ前だが、駅舎の役割はなく、待合室、案内所、国立市の資料の展示室、土産物の販売の他、駅ピアノも置かれ

一橋大学の兼松講堂（上右）と図書館（上左）、キャンパスは建設当時の面影をよく残している。下：大学通り。突き当たりに旧国立駅舎。

て、新しい市民の交流施設として活用されている。

赤レンガの東京駅が明治建築の集大成として復元されたのに対し、旧国立駅の駅舎はその街とともに市民に愛され、守られて、学園建築の典型的な姿を今に伝える貴重な建築である。

大学を中心に据えた典型的な学園都市として、その環境が現在でも保たれている。大学通りの両側の緑地帯は、今もプリンスホテルの所有だが、その並木は市民によって大切に守られている。

一方、箱根土地は、その後、国土計画、コクド、プリンスホテルと社名を変えながら、鉄道、ホテル、スキー場、デパートなど次々に事業を拡大し、建築家、丹下健三や村野藤吾らを起用し、優れた建築を数多く残している。

（東京都国立市）

ひと目でライト調とわかる独特なシルエット。ここで学ぶというだけで、学生にとっては何ものにも代え難い楽しい毎日なのではないだろうか。

武庫川女子大学　甲子園会館
（旧甲子園ホテル）

設計　遠藤　新
一九三〇（昭和五）年

東京日比谷の帝国ホテル新館を設計したフランク・ロイド・ライト。当時新進気鋭のライトを指名したのはホテル支配人に抜擢された林愛作だった。帝国ホテルは国や財界の肝煎でオープンしたがなかなか軌道に乗らないため、アメリカで美術商として経験の豊かな林が起用されたのだ。

ライトの斬新な設計で、工事は順調にスタートしたものの、工費や工期のあまりにも大幅なオーバーのため、ライトは完成を見届ける前に解任されてしまった。そのときライトとともに更迭され

タイルで覆われた壁面、煙突を飾る板状の突起の繰り返し。空高くどこまでも昇ってゆくような、忘れ難い印象を与える強烈な造形美だ。

た林が作り上げたのが甲子園会館だ。

帝国ホテルを解雇されて、失意のまま無為の日々を送っていた林に声を掛けたのは阪神電鉄だった。その要請は、六甲山の麓、武庫川の支流を埋め立てて、三角洲に出来た広大な敷地を取得したので、ここに遊園地、野球場やゴルフ場、ホテルを整備し、関西圏の大型の行楽地を作りたい。ついては欧米のホテル事情に精通した林に、この事業に協力してほしいというものだった。

林はこれを受け入れ、直ちに建築家・遠藤新《あらた》を招き、敷地を決めると、ホテルの設計にとりかかった。遠藤は、帝国ホテルでライトの右腕となって活躍、ライトの帰国後はその竣工まで力を尽くしたライトの愛弟子だ。

帝国ホテルで苦労を共にした二人は、今度こそ

1階メインロビー、西洋と日本の良いところを取り合わせた遠藤の考え方が、ここにもよく現れている。ベランダの日華石の彫刻が見える。

理想のホテルを作ろうと夢を語り合った。西洋式ホテルの近代的な設備と、日本旅館の行き届いたサービスと居心地の良さを同時に満足するホテルを目指したのだ。図面を挟んで二人が楽しそうに語り合っていたのは、帝国ホテルと並行して建設された芦屋の山邑家別邸（現・ヨドコウ迎賓館、六六頁）であった。

完成した甲子園ホテルは、全体は宇治の平等院鳳凰堂のように左右に翼を広げ、中央に正面玄関とロビー、向かって左側にはメインダイニング、右側にはバンケットホールを置き、そこから四方に客室が伸びるという配置だ。周りの松林に合わせて緑色の瓦屋根を葺き、壁面にはライトが活用した大谷石よりも肌理《きめ》の細かい日華石《にっかせき》を使い、手の込んだ彫刻を施した。また、床には京都に工房

バンケットホール、天井は障子のような照明。昭和11年には大阪（現・阪神）タイガースの激励会が行われ、「六甲おろし」が初披露された。

をもつ泰山《たいざん》タイルを採用するなどさまざまな装飾が館内を彩っている。客室は八畳の和室と一〇畳の洋間を組み合わせて一室とし、全館が和と洋の調和した斬新なホテル建築となった。

昭和五（一九三〇）年に開業すると、〈東の帝国ホテル、西の甲子園ホテル〉と並び称され、周りには甲子園球場、ゴルフ場などが次々にオープンし、阪神間の高級社交場として、皇族、文化人、海外の要人らで賑わった。大リーガーのベーブ・ルースも利用した他、舞踏会では、山田耕筰がオーケストラを指揮したこともあった。

しかし間もなく満州事変（昭和六年）に突入し、ホテルを楽しむ時代ではなくなっていった。昭和一九年には、ホテルは海軍病院として収用され、その営業は一四年間で終了した。林は香港へ渡り

1階メインロビーの外側。せり出した柱に繰り返した円形の彫刻を施した日華石を積んで、まるで鍾乳洞のような楽しいベランダとなっている。

香港ホテルの支配人となり、遠藤は、活躍の場を求めて満州へ渡った。

敗戦後、ホテルは米軍の将校宿舎となり、米軍撤退後は、国の管理下に置かれたが、荒れるに任されていた。

昭和四〇（一九六五）年、これを譲り受けたのが、近くにキャンパスを構える武庫川女子大学を運営する武庫川学院だった。地域の歴史的建造物を見捨ててはおけないという使命感に突き動かされたのかもしれない。改修を重ね、庭園の造成などを経て、当初の面影を取り戻し、教育施設「甲子園会館」として再生した。

そして平成一八（二〇〇六）年に建築学科、令和二年には景観建築学科も加えて女子大学初の建築学部が開設され、現在は建築を学ぶ学生にとっ

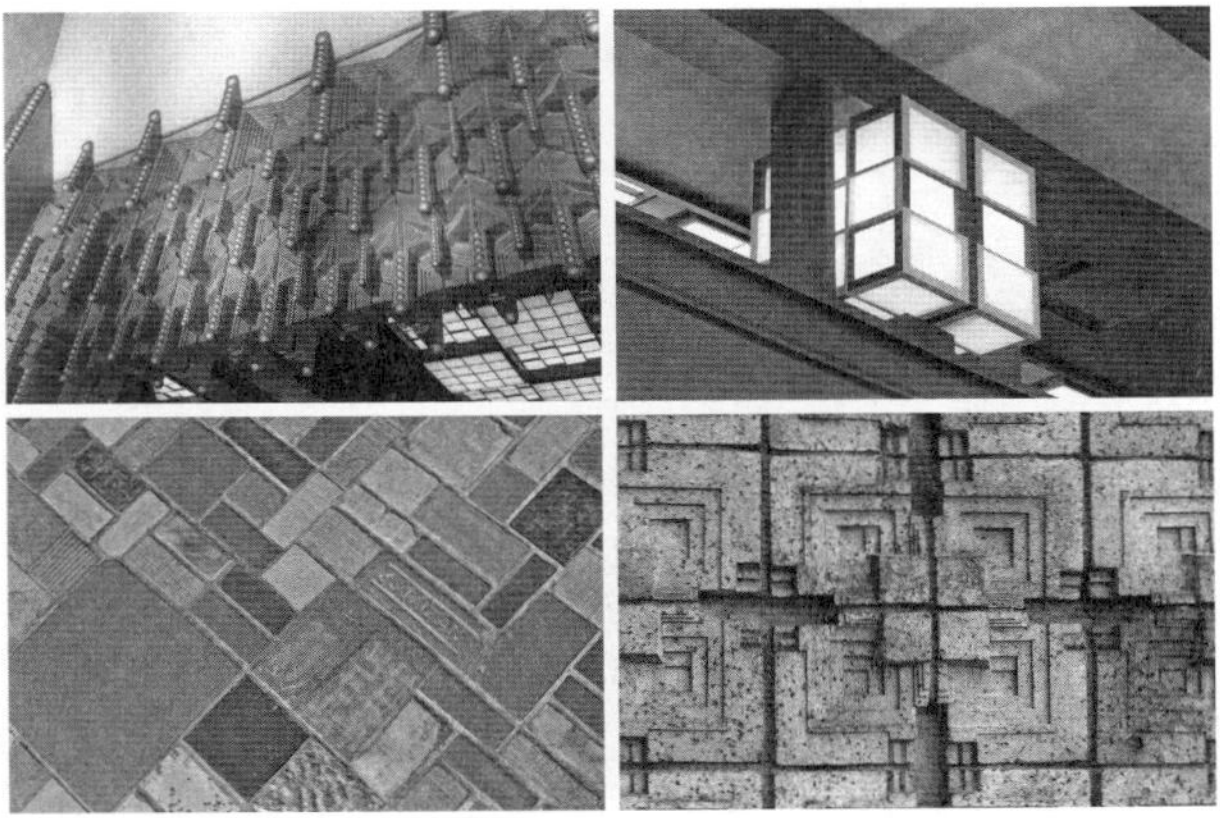

右上：障子を思わせる照明器具。右下：同じタイルを回転させて深みのある表情を出している。左上：繊細な壁面装飾。左下：泰山タイルの床。

てまたとない教材として活用されている。

特徴のある外観は当時のままだし、壮麗なバンケットホールやメインロビーなど主要な部屋はよく保存されている。

かつての客室は講義室やスタジオに転用されているので残っていないが、メインダイニングは建築学科の実習室、厨房はアトリエとして使われている。何より、学生の実習として、屋根瓦を当時の色に忠実に再現して修復を進めるとか、元の甲子園ホテルの客室をCGで再現して動画を公開するなど、学生の生きた教材となっている。

ライトは近代建築に大きな影響を与えたが、そのデザインを受け継ぐ建築は非常に少ないので、甲子園会館は、世界的に見ても極めて珍しく貴重な文化遺産である。

（兵庫県西宮市）

銀座4丁目の角を正面としたため、南向きの申し分のないファサードになった。このため、時計塔が最も映える理想的な位置に据えられた。

SEIKO HOUSE GINZA（旧服部時計店本社ビル、和光本館）

設計　渡辺　仁
一九三二（昭和七）年

明治維新ののち、銀座界隈は、たびたび火災に見舞われた。特に明治五年二月の火災は銀座一帯を焼き尽くす壊滅的な被害をもたらした。

たび重なる火災に怯えた政府は、建築の不燃化と防火のため大通りを整備することを決意、直ちに「銀座煉瓦街計画」が決まった。

京橋から新橋まで約一キロの地域を、中央には幅一五間（二七メートル）、その他は、順次細くなる大小の道路で区切り、建築はすべてレンガ造とすると決定。

この時計塔こそ、和光・服部時計店・SEIKOのシンボル、そして東京の顔、銀座のシンボルとしてなくてはならないものになった。

計画は、抵抗を排して強引に進められ、明治一〇年には、広い車道の両側には歩道が付き、ガス灯、並木が立ち並び、建築はすべてレンガ造二階建て、一階は列柱が並ぶ街並みが出来上がった。

銀座の街は、こうして一気に東京の繁華街の中心となり、野心的な経営者たちが店を構えた。

服部金太郎が生まれたのは万延元（一八六〇）年、明治維新の八年前だった。家は銀座の四丁目近くの裏町だった。レンガ街が建設され始めるころ、十一歳で雑貨商に丁稚奉公に入った。このころ横浜から新橋まで鉄道が開通し、海外から輸入された目新しい品物が真っ先に銀座に入ってきた。

服部はその中でも特に時計の将来性に着目した。時計店で修行を積み、明治一四年二一歳で「服部時計店」を出店。当初は時計の修理をしな

正面は4丁目の交差点に向いているが、その角を曲面とし、多彩な装飾で埋め尽くし、ここで待つ人、見る人、通る人を飽きさせない。

ながら、輸入した時計を売っていたが、明治二八年には銀座四丁目の角地に進出。アメリカ帰りの建築家伊藤為吉に設計を依頼して五階建ての時計塔のある店を作った。これは銀座の中心で最も高く、評判となった。二五年には優れた協力者を得て時計の製作に乗り出す。「精工舎」の出発である。掛け時計から始め、懐中時計、目覚時計の製作に成功して、ついに明治四〇年には東京帝国大学などの最優秀の学生に与える「恩賜《おんし》の銀時計」に採用された。

やがて「精工舎」の規模も拡大したので、大正一〇年には店舗を建て直すことになったが、関東大震災に遭遇、銀座はほとんど壊滅し、墨田区本所にあった広大な精工舎の工場も焼失した。

苦労の末、再び軌道に乗った精工舎は、改めて

角の上部は、わずかながら両脇よりも装飾を増やし、正面性を表現している。特に６つ並んだアーチ窓、その上の引き上げた庇の効果は見事。

銀座店の建築に取り組むことになり、設計を建築家渡辺仁《わたなべじん》に依頼した。

渡辺は、やや近代建築に近い近代ルネッサンス様式を採用した。銀座通りは東西の軸に対して四五度傾いているので、四丁目の角を正面とすると、南向きになる。銀座のモニュメントとして申し分のない配置になった。この正面をゆるい曲面とし、最上階の六つの窓にアーチを付け、その上部の庇を少し引き上げることで正面性を見事に表現している。

外装は鉄骨鉄筋コンクリート造に石を貼る仕上げだが、銀座の一等地の商業ビルなので、少し色味が欲しい。そこで、赤みをおびた岡山県の万成《まんなり》石《いし》に目を付けたが、産出量が少ないため、一・二階の外回りだけ岡山万成石の本磨き、三階以上は

交差点に向かって大きく開いたショウウィンドウのディスプレイは、銀座で一番注目を集める所。そのため、一番人気の待ち合わせ場所だ。

朝鮮御影石の小叩きとした。一階は人が触れる場所のため、特に入念に磨き上げ、二センチの厚さまで削り落とした。

渡辺が苦心したのは四面に文字盤を入れた時計塔の位置だった。南向きで思い切り前に据えた。

渡辺の設計した意匠は、様式建築ながらモダンなスタイルであったため、決して飽きられることなく、銀座のシンボルとして親しまれてきた。

服部は昭和七年にこの店が完成したのを確かめると、安心したのか、二年後七三歳で没した。

昭和二二年には服部時計店の小売部門が「和光」として独立、進駐軍の接収が解除された二七年ここで高級宝飾品を主とする営業を開始した。

渡辺は和光の他、横浜のホテルニューグランド、東京国立博物館本館、丸の内の第一生命館、

壁面に施された石の彫刻は、この店にまつわる砂時計、商業のシンボル、時計、秤など服部時計店の歴史や、その由来を表現している。

原美術館など、重要な建築を数多く手がけ、どれも息の長い堅実な建築として評価されている。

いずれも、時代の要求に沿って巧みに設計されているため、建築界ではしばしば、時代に迎合した建築として非難されてきたが、渡辺は、決して言い訳や、自己主張をすることなく、求められるものを素直に設計してきたのだった。

特に話題になったのが、東京国立博物館本館のコンペ。渡辺が規定に沿って出した案が最優秀となって実現したのに対し、規定を無視してル・コルビュジエのような案を出した前川國男が落選後建築雑誌に大々的に紹介されて話題をさらった。

渡辺は、戦前これほどの活躍をしたが、戦後は目ぼしい活動が見られず、昭和四八（一九七三）年八六歳で静かに息を引き取った。（東京都中央区）

樹木の生い茂る坂道を登り詰めると、突然目の前に現れる白く輝く神殿のような大きな建築。あまりにも突然現れるので驚かされる。

横浜市大倉山記念館
（旧大倉精神文化研究所本館）

設計　長野宇平治
一九三二（昭和七）年

新横浜駅にほど近い住宅地大倉山に、樹々に覆われた小高い丘がある。その頂点にそびえる真っ白い神殿のような建築、それが大倉山記念館だ。

現在は横浜市に寄贈され、市民の集会場や図書館として利用されているが、元は一個人が理想に燃えて私費を投じて建てた建物だった。

その人、大倉邦彦（一八八二〜一九七一）は、佐賀県に生まれ、上海の東亜同文書院を卒業、大倉洋紙店に入り、二代目社長大倉文二の婿養子となり、大正九年に三代目社長となった。社業は発展

並んだ４本の列柱は上へ行くほど太くなる見慣れないもの。これはギリシャ神殿よりさらに古いクレタ・ミケーネ文明の神殿建築に由来する。

したが、次第に世の混迷を憂え、教育こそ改革が必要と、目黒に富士見幼稚園を、佐賀に農村工芸学院を開設。昭和十二年には東洋大学学長に就任し、二期六年間務めて、衰退した大学の復興に貢献した。

そんな中、昭和七年に設立したのが大倉精神文化研究所だった。その目的は、東西の文化を融合した文化発信基地である。東西の精神文化に関する図書館を作り、識者に呼びかけて本の出版も行った。

大倉は横浜郊外の小さな丘陵地を敷地として購入し、設計者には、古典主義建築の第一人者、長野宇《う》平治《へいじ》（一八六七～一九三七）を指名した。

二人は、東西文化の融合を目指して議論を交わし、ついに、長野が得意としたギリシャ建築より

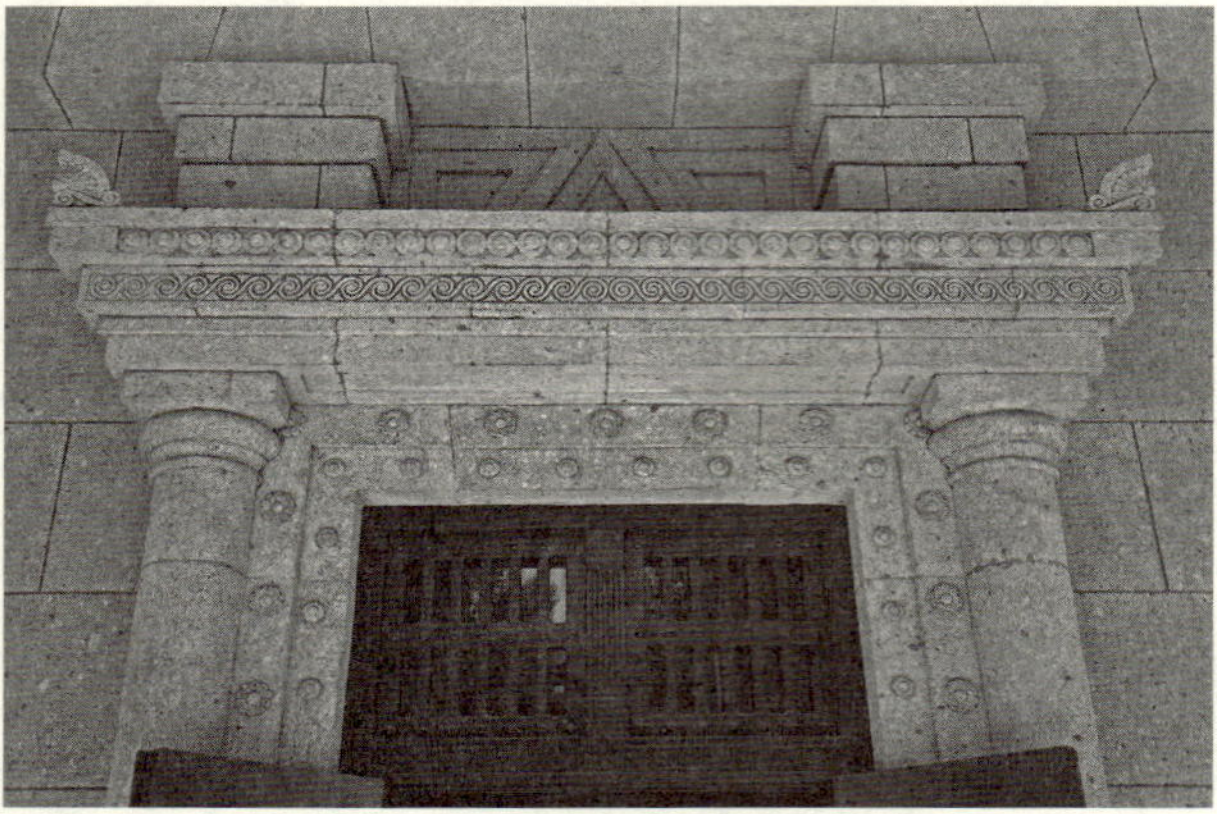
玄関入口のまわりを取り囲む装飾は、ドアのまわりといい、庇の先といい、どこにもない、極めて独創的なデザインで埋め尽くされている。

さらに一千年も古いクレタ・ミケーネ文明の建築に行き着き、上へ行くほど太くなる奇妙な柱が立ち並ぶ、世界に例のない建築が誕生した。

長野宇平治は慶應三年新潟県高田に生まれ、帝国大学工科大学を明治二六年に卒業、横浜税関や奈良県の嘱託を経て、日本銀行に入り、以後一貫して日銀の建築設計に携わり、並行して全国に各種銀行建築を設計した。その最高傑作とされているのがギリシャ神殿のような列柱を並べた三井銀行神戸支店だ（阪神淡路大震災で倒壊）。

日銀本館は辰野金吾の設計だが、その増築は延々と続けられた。その設計監理を恩師辰野から命じられたのが長野だった。辰野は大学教授、自分の設計事務所、建築学会と多忙を極めたが、時々日銀の建築現場に現れ、雷を落としていっ

玄関を入ったホールの中心は２階へ登る堂々とした石造の階段。使われている石材は、石川県小松産の千歳石というムラのある荒々しい凝灰岩。

た。長野は辰野の罵声に耐え、黙々と辰野の要求に応えて設計を続けた。

その長野が唯一辰野に叛旗を翻したのが、台湾総督府庁舎のコンペだった。長野の案が最優秀とされたが、甲賞なし、乙賞が長野と発表された。

これに長野は怒った。審査委員長は辰野だったから、辰野を越えて台湾総督に建白書を提出した。最優秀案を甲賞とし、その設計者に設計を任せるべき、とする堂々たる正論だった。

これに辰野は激怒したというが、結局長野の案を元に、中央の塔を伸ばすなどのわずかな変更を加えて完成した。これは今も台湾の中華民国総統府として立派に使われている。

建築史家は、長野をギリシャ建築を手本とする古典主義建築の最高の建築家と評価する。つまり

玄関ホール上の吹き抜けでは、テラコッタ製の鷲と獅子の彫像がギリシャ以前の様式の柱を支え、柱の間から金色の光が降り注いでいる。

この様式を守っていれば、世間から高い評価を得ることができるのだ。

ところが、大倉山記念館は常軌を逸しているため、どう扱えばいいのか誰もが困惑する。

実は長野は一言で片付けられるような単純な建築家ではなかった。興味深いのは、築地本願寺（九六頁）を設計した伊東忠太との共通点だ。

長野は二八歳で和風の堂々たる奈良県庁舎を設計しているが、その時京都では伊東忠太が平安時代の大極殿を再現して朱色に塗られた平安神宮を設計していた。共に近代建築家による初めての和風建築だった。また長野の大倉山記念館ができた頃、伊東が作っていたのがインドの建築様式を採用した築地本願寺だ。これも、歴史家が扱いに困る難物だ。

右上：鷲の彫像。右下：ホールは、西洋の柱と日本の木造が渾然一体となっている。左上：巻物のような石。左下：階段手すりにもあの柱。

新潟県高田に生まれた長野は、同じ年に山形県米沢で生まれた伊東と親しく、共に閉塞感に覆われた日本を突き抜ける壮大な夢に生きた建築家だったのだ。

長野が最後に詠んだ和歌がある。

アテネより伊勢にと至る道にして
神々に出あひ我名なのりぬ

伊東は、かつて法隆寺の建築を研究して、中門の柱の膨らみはアテネのパルテノン神殿の影響を受けたに違いないと推測して、それを確認するためアジア大陸を徒歩で横断する大旅行を敢行したが、長野もこの伊東の壮大な夢を共有していたのかもしれない。

（神奈川県横浜市）

インドに由来する建築様式をこんなにも堂々と設計してしまったのは驚きだ。今も変わることなくユニークな姿のまま親しまれている。

築地本願寺本堂

設計　伊東忠太
一九三四（昭和九）年

レンガ造りの洋館から鉄筋コンクリートのビルディングまで、明治維新以来百花繚乱の日本の近代建築であるが、なかでもとりわけ異色の建築がこれだ。

仏教の起源はインドにある。たまたま中国を経由して日本に伝来したため、日本の仏教寺院は中国の建築様式になっているが、元をたどればインドの建築様式でもおかしくない。

理屈ではその通りだが、そんなお寺はここ以外どこにもない。よほどの偶然が重なって奇跡が起こらない限りそんなものは実現するわけがない。

見れば見るほど、細部までインドらしいデザインで埋め尽くされている。
伊東は、この建築のために腕を磨いてきたとしか考えられない。

浄土真宗本願寺派第二二代門主の大谷光瑞《こうずい》は、世界を視野に宗門の改革を目指した。イギリス留学に続いて、仏教伝来の経路の解明や経典・仏像・仏具の収集などを目的に、明治三五（一九〇二）年、四人の隊員を連れて、中央アジアの探検を強行した。その結果、大量の貴重な資料を集めることができた。

大谷探検隊は、その後も、第二次、第三次と続けられ、敦煌《とんこう》や楼蘭《ろうらん》などの調査を経て、重要な成果をあげている。探検隊は数十頭のラクダを使う大規模なもので、別働隊の二人が貴州省の揚松駅で偶然出会ったのが、東京帝国大学教授就任前に旅行中の建築家伊東忠太だった。

伊東は、帝国大学の在学中に日本建築に興味をもち、法隆寺の調査から、その中門の柱の中程が

本堂の大ホールは土足、椅子式という、仏教寺院としては珍しい、教会のような形式のため、誰でも気軽に入ってゆくことができる。

膨らんだ意匠がギリシャのパルテノン神殿の柱のエンタシスという膨らみを起源とするに違いないと推測し、中国、インド、ギリシャへとその起源を求める探検を志した。当時の帝国大学では教授就任の条件として欧米への旅行が義務づけられていたが、それを説得してアジアを主要な行き先とする旅行に変更し、探検旅行中であった。

伊東の旅行は通訳と従者を連れただけで未踏の地を進む困難を極めたものだったが、雲崗《うんこう》の石窟群を発見するなど大きな成果をあげている。

伊東は帰国後、光瑞を訪ね、二人は意気投合し、直ちに西本願寺大連別院の設計を依頼されるが、この時の案は実現しなかった。

伊東はその後、西洋建築万能の時代の中で、平安神宮、明治神宮の設計などを任され、神社建築

堂内には、至るところに牛、象、獅子などの動物の像が置かれている。教義によるというよりは、建築家伊東の趣味によるものに違いない。

の権威者となって活躍した。

大正十二年関東大震災により、築地本願寺が焼失すると、光瑞は直ちに伊東に再建伽藍の設計を依頼する。大震災の直後とあって鉄筋コンクリート造は問題なく受け入れられた。ついに念願のインド様式による本格的な寺院建築を実現するチャンスが到来した。

伊東の設計した寺院は、鐘楼、塔などが分散配置される従来の仏教寺院の伽藍と全く異なり、集約した一つの建築とし、さらに災害時の避難を考慮して前面を大きく開放して広場とした。

本堂の外観は、インド様式の華麗な彫刻を見せるドームを中心に左右に塔を載せている。堂内は従来の仏教寺院の形式を踏襲しているが、キリスト教の教会のように、土足、椅子式とし、このた

主階段下の左右に置かれた狛犬ならぬ、有翼の獅子。独創的な彫刻作品だ。伊東は、機会があれば、どこにでも想像上の動物を置いた。

め誰でも気軽に堂内に入ることができる。仏教寺院としては極めて珍しいオープンな室内になっている。さらに大きな前庭を設けたため、大規模な集会や葬儀に活用される道を開いた。

伊東は、日頃から戯画を好み、動物や妖怪などの膨大なスケッチを残しているが、その技量が惜しみなく発揮されている。本堂入口の階段下では有翼の獅子、中に入ると石像の牛、象、獅子など伊東が描いた動物たちが嬉々として迎えてくれる。

堂内には、正面には普通の祭壇があるものの、仏教寺院でありながら、本格的なパイプオルガンもあり、毎月コンサートも行われている。有名人の大規模な葬儀が行われるのもこの寺院の特徴だ。三島由紀夫、勝新太郎、五万人が集まったX JAPANのhideの葬儀などもここで行われた。

右上・下：１階左右の入口を彩るインド風の彫刻。左上：入口の上の蓮の花をモチーフにしたステンドグラス。左下：メインエントランスの大扉。

二〇一五年から二二年まで宗務長を務めた安永雄玄はケンブリッジ大学大学院で経営学を修め、三和銀行に勤めたのち、五〇歳で仏門に入り、宗派に経営の改革案を提案しているうちに宗務長に抜擢された。

築地本願寺では、「一八品の朝ごはん」で人気のカフェをオープンするなど斬新な改革が功を奏して、参拝者を五年で倍増させた。さらに二〇二二年からは京都本山西本願寺の代表役員、執行《しゅぎょう》長《ちょう》に就任している。今も光瑞、伊東の改革の志が受け継がれているに違いない。

伊東忠太の建築は国立市の一橋大学の兼松講堂（七七頁）などいろいろ残っているが、そこでも伊東の得意な動物たちが建築を飾って独特な雰囲気を醸し出している。

（東京都中央区）

正面・側面とも５階分の巨大なギリシャ神殿風の列柱が林立する姿は、お濠端に立ち並ぶ建築群の中でも圧倒的な存在感がある。

明治生命館

設計　岡田信一郎

一九三四（昭和九）年

東京丸の内のビジネス街と皇居を分けるお濠と日比谷通り。ここは日本でもっとも整った美しい街並みである。

興味深いのは、そこに、日本を代表する保険会社が見事な社屋を揃えていることである。

日比谷公園に面した日本生命、丸の内に入って第一生命、明治安田生命、その先に高層ビルの東京海上日動、これは建て替え中だが、いずれも他を圧する堂々たる建築である。

なかでも明治安田生命の前身、明治生命は日本でもっとも早く明治一四（一八八一）年に発足し

正面から見直すと意外に大きなガラス窓が多く、実は、鉄骨鉄筋コンクリート造の近代建築のオフィスビルなのだということに改めて気がつく。

（のち安田生命と合併して明治安田生命に）、その本社ビルは様式建築の最高峰という評価を得て、平成九（一九九七）年、昭和の建造物として初の重要文化財に指定されている。

設計したのは、岡田信一郎。戦前、東京帝国大学、学習院など限られた大学の卒業生のうち、学業・人格のもっとも優れたものに与えられる「恩賜の銀時計」を、後に高橋貞太郎がもらったので、建築界で二人の受賞者の一人だった。

その岡田が生涯多くの建築を設計した中で、遺作となったのがこの明治生命館であった。

岡田が生まれたのは明治一六（一八八三）年。学生時代からよく勉強し、意志が強く、弁が立つことで有名だった。

面と向かって鋭い批評をするため、多くの人が

１階の外回りは、まるで、ヨーロッパの都市かと思わせるような雰囲気を漂わせている。細部まで手を抜かないリッチなデザインが見事。

「口の悪い岡田」と評したが、本人のいないところで悪口をいうことはなく、人気者だった。

当初は研究者を目指し、東京美術学校（現・東京藝術大学）の講師、のち教授となり、早稲田大学の教授も長く務めた。しかし、本当に行きたかった東京帝国大学にはどうしても迎えられなかった。その頃学内では構造系の派閥が強くなっていたためだ（岡田は意匠系）。

それと、同時に岡田の結婚問題が影を落としていた。三五歳になった岡田が妻に迎えた田向静《たむかうしず》は、かつて「萬龍《まんりゅう》」と呼ばれていた赤坂の花形芸者だったからである。

岡田の美男子ぶりもあってか、それは東京朝日新聞の紙面の半分を占めるほどの話題になった。

岡田は遊び人だったわけではない。知り合いの

ギリシャ神殿の柱頭の中でも最も複雑なコンポジット様式と言われる西洋アザミと渦巻きを組み合わせた手の込んだデザインとなっている。

元に身請けされていた萬龍が連れ合いの死によって困窮し、売り食いで生活している姿を見て同情したことから親密になった。

そして研究者としての道を断念して愛を選んだ岡田の快進撃はここから始まる。建築家としての才能が一挙に開花したのだ。

岡田の設計した建築は膨大な数にのぼり、今も残っているものには、ニコライ堂、鳩山会館（一六六頁）などがあるが、ニコライ堂はコンドル設計のものが関東大震災で崩壊したため、岡田の設計で建て直したもの。コンドル設計のものよりバランスもよく、美しい。

また、岡田の設計した歌舞伎座は正面を飾る大きな唐破風の上に千鳥破風が重なる豪華なものだった。この唐破風が当時のままの大きさで今の超

1階の営業室の上部は吹き抜けの大空間。2階の周囲には回廊がめぐっており、そこから会議室、食堂など重要な部屋の見学が可能になっている。

高層ビルの歌舞伎座にも復元され受け継がれている。鉄筋コンクリートの建築に大きな唐破風を載せて破綻なくまとめたのは岡田のデザインの力量を見事に表している。

当時の建築家は大学を卒業すると必ず外遊したものだが、岡田は一度も日本を離れたことがなかった。体力に自信がなかったためである。しかし海外の建築については、書籍、雑誌を通してよく研究し知り尽くしていたので、外遊する若者には細かく道案内までした。

そして最後で最大の作品が明治生命館である。一見石造のように見えるが、鉄骨鉄筋コンクリートと石材が一体化した八階建てのビルで、正面と側面には五階分をぶち抜くギリシャ神殿風の石の柱が林立している。そのバランス、落ち着き、完

右上：1階窓周りのアーチ。その中にブロンズの窓飾り。右下：その中央のブロンズの格子細工。左上：ランプ。左下：正面ドアの花の装飾。

成度は申し分のない完璧なものだ。

この建築の前を歩いていると、まるで、ヨーロッパの街角を歩いているかのような錯覚に陥るほどである。

岡田の唯一の弱点は体が弱かったこと。明治生命館工事の最後には寝たきりとなり、現場の様子を一六ミリフィルムで撮ってこさせて病室から細かく指示を出した。昭和七（一九三二）年死去、享年四八。竣工は岡田の死の二年後となったが、仕事を引き継いで完成に導いたのは後に東京美術学校教授となる十一歳年下の弟捷五郎《しょうごろう》だった。

令和四（二〇二二）年一〇月、ここに静嘉堂文庫美術館が世田谷から移転した。丸の内がオフィス街から文化・芸術の街になったことを岡田も喜んでいるに違いない。

（東京都千代田区）

正面玄関にはギリシャ神殿のような４本の円柱、上部にひとまわり小さな円柱、その上にピラミッドのような尖塔。唯一無二のファサード。

国会議事堂

設計　矢橋賢吉・大熊喜邦・吉武東里
一九三六（昭和十一）年

徳川幕府を倒し、明治新政府を樹立した新政権は、日本が欧米諸国に劣らぬ近代国家であることを示す必要に迫られた。

そのために何よりも重要なことが、憲法を制定し、国会を開設すること、そのためには国会議事堂が必要なことに気がついた。

西欧各国はそれぞれ国を代表する国会議事堂を持っている。日本にもそれに劣らぬ国の顔となる国会議事堂が必要だ、そう考えた政府は、当時新興国ながら力強く発展していたドイツに協力を要請した。ドイツから派遣されたのが、エンデとベ

正面玄関の円柱の上に鳳凰の浮き彫り。大勢の石工が丹精込めて彫り上げた華麗な彫刻。幅 13.2 メートル、高さ 2.4 メートルの大きな作品。

ックマンという二人の一流の建築家だった。二人は、直ちに、霞ヶ関に国会議事堂を初め、最高裁判所などからなる壮大な官庁集中計画を設計した。その実務を支えるため、明治一九年妻木頼黄《よりなか》をはじめとする三人の建築家の他、大工、石工、左官、レンガ、屋根、ステンドグラスの職人など二〇人をドイツに派遣して技術を学ばせた。

明治天皇はすでに明治一四年国会開設の勅諭を発し、明治二二年には大日本帝国憲法を発布している。国会の開会は待ったなしだった。

しかし、どう考えても予算が足りない。そこで、国会議事堂はとりあえず木造の仮の建築ですますことになった。

これが明治二三年十一月に竣工したが、翌年一月に焼失してしまったので、直ちに第二回仮議事

衆議院の議場。参議院では開会式で天皇が座る席が議長のすぐ後ろ、衆議院では高い位置に傍聴席がある。その手前に議長席、演壇、速記者席。

堂が建設されたが、これも大正一四年焼失してしまった。直ちに再建されこの第三回仮議事堂は昭和十一年本建築ができるまで使用された。

設計は大蔵省営繕管財局工務部長矢橋賢吉と工務課長大熊喜邦《よしくに》であり、その実務を支えたのは、妻木頼黄が育てた技術陣だった。妻木は、本格的な議事堂の設計に備えて、有能な人材を集め、教育して、設計の体制を整え、さらに全国の石材、木材の産地の実態を詳細に調査して、綿密な用意を進めていた。

大正七年いよいよ本格的な議事堂建設の機運が高まり、大蔵省の臨時議院建築局が設計を進めるばかりになってきた。そこに待ったをかけたのが、日銀、東京駅を完成させた辰野金吾だった。

建築学会を支配していた辰野は、議事堂の設計

議場の天井。日本で最も大きなステンドグラスだが、参議院は宇野沢ステンドグラス製作所、衆議院は別府ステンドグラス製作所の制作。

は広く民間から募集すべきだと主張し、ついに同年九月意匠設計の公募にこぎつけた。第一次募集には一一八通の応募があり、そこから二〇案が選ばれた。ここからさらに第二次の募集が行われ、一等に選ばれたのは内匠寮《たくみりょう》技手の渡邊福三。渡邊は設計の名手とされていたが、大正九年死去、このため実際の設計は、コンペ案を参考にして、臨時議院建築局が進めていった。

しかし、官僚組織に影響力のあった妻木は大正五年に死去。さらに辰野も、このコンペの最中にスペイン風邪を拗らせて死去してしまった。

主導権を争ってきた両巨頭が亡くなったので、実際に議事堂の設計を手掛けたのは、妻木が長年手塩にかけて育ててきた矢橋賢吉、大熊喜邦、小林金平ら、優秀なスタッフだった。特に意匠につ

中央のピラミッド状の尖塔の内部。中央広間の上部になっている。窓のステンドグラスは国内の有力な工房が力を合わせた力作である。

いては意匠設計主任だった吉武東里が最後まで大きな役割を果たしたと思われる。

コンペの翌年大正九年一月には地鎮祭を終えて着工、昭和二年四月には巨大な鉄骨が組み上がり、大掛かりな上棟式を挙行、そしてここから鉄筋コンクリート、石材の仕上げ、さらに大小合わせて四五〇室という膨大な数の部屋の内装と続き、昭和十一年ついに竣工した。

一八年間という長い設計・施工の全期間、スタッフの入れ替わりもあったが、当初率いたのは矢橋賢吉、上棟式以降最後まで主導したのは大熊喜邦、意匠を担当したのは吉武東里だった。

大熊のもと、巨大な建築のデザイン、構造、材料、設備など膨大な作業が続けられ、ピーク時には千数百人の技術者、職人が取り組んでいた。

中央広間から奥を望む。アーチの石材には詳細な彫刻、上部の半円形の窓には非常に手の込んだステンドグラスが嵌め込まれている。

基本的にすべての材料が国産材と決められ、使用箇所によって全国から膨大な木材や石材、壁紙、絨毯などが集められた。

全長二〇六メートル、高さ二〇メートルという巨大な建築だった。それを支えるために、四三〇〇本のコンクリート杭が打ち込まれた。

東京駅が松杭だったのに対し、議事堂はコンクリート杭と、すでに時代が大きく変わっていることがわかる。

最も苦心したのは石材で、建築の腰部は山口県黒髪島の花崗岩、上部は広島県倉橋島の花崗岩を切り出した。三〇センチの立方体に換算すると富士山の三〇倍の高さになる量だった。

正面中央列柱の上に見える横長の鳳凰《ほうおう》の彫刻は、幅十三・二メートル、高さ二・四メートルの石

天皇のための入口。正面玄関から中央広間を抜けて、階段を上り、まっすぐ3階の廊下まで達する。背後に天皇専用の待合室がある。

材に非常に手の込んだ彫刻を施したものだが、これだけのために六九八人の石工がとりかかった。

木材は全国から選び抜いた、けやき、ひのき、桜、松、杉など二四種類にのぼった。大正十二年九月の関東大震災のときは、鉄骨の組み立て中であったが、建物にはほとんど被害がなかった。

こうして出来上がった国会議事堂は、たしかに他国に類を見ない独特のデザインであり、日本の建築界が蓄積してきた近代建築技術を総力をあげて注ぎ込んだ傑作に違いない。

しかし、この建築を見る時、どこか割り切れないものを感じるのはなぜか。いったいこの建築を設計したのは誰なのか、という疑問である。

一等当選案は中央にかなり高い塔を建てて、その上に丸いドームを載せるものだったが、実際に

参議院議場と衆議院議場をつなぐ廊下。その中央に天皇の待合所がある。ドーム天井、ステンドグラスなど手の込んだ作りになっている。

できたものはピラミッド状の尖塔である。西欧の前例に倣えば、丸いドームになりそうなところだが、前例のないピラミッド型の四角錐だ。重量軽減と耐水のためテラコッタという陶器で葺かれている。それも石材に色味を合わせている。世界にも例のないかなり大胆なデザインである。

巨大な建築は、一人が担うには無理があった。多くの建築家、技術者たちが力を合わせて作り上げた。それを統括したのは、矢橋賢吉、大熊喜邦、デザインをまとめたのは吉武東里とするのが最もふさわしいと思われるが、それほどくっきりとした輪郭が見えてこない。

こうして謎を残したまま、少し鈍重ながら、ユニークな姿を見せて、日本を象徴する国会議事堂として今日も建ち続けている。（東京都千代田区）

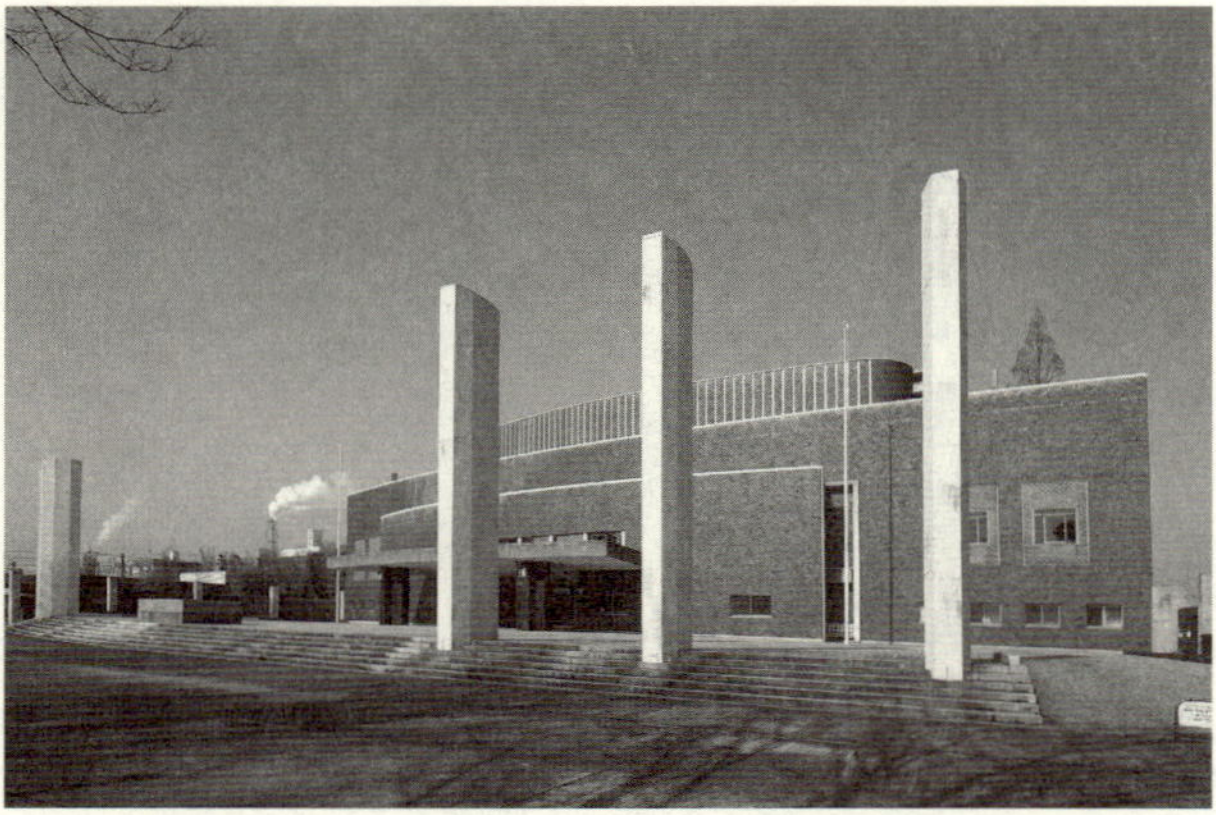

正面の壁は湾曲させて３段に重ねたシンプルな構成にして、その前に立つ６本の柱を際立たせている。左遠方に見える煙は宇部の工業地帯。

宇部市渡辺翁記念会館

設計　村野藤吾
一九三七（昭和十二）年

宇部市は人口では山口県で三番目の都市だが、各社の「住みたい田舎」ベストランキングでは、毎年上位に選ばれる人気が高い町だ。

昭和三六（一九六一）年から始まったＵＢＥビエンナーレ（現代日本彫刻展）の開催地でもあり、市内には質の高い彫刻作品が数多く設置され、街の景観に気品を添えている。

そんな宇部市の発展の基礎を築いたのが、宇部興産（現・ＵＢＥ）の創業者渡辺祐策《すけさく》（一八六四〜一九三四）である。早くに両親と祖父を亡くした渡辺は、苦労の末、三十代で炭鉱開発に成功。

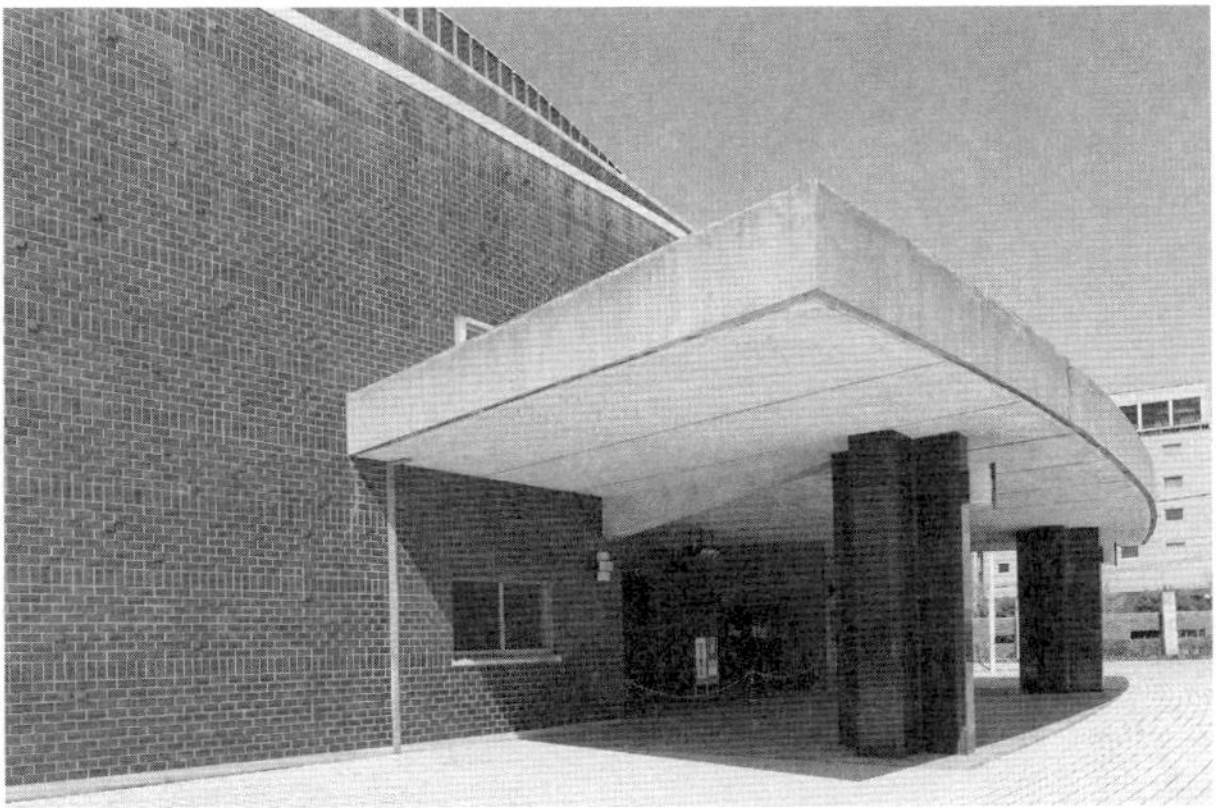

ゆるい曲面の平滑な壁面には複雑なタイル張り。玄関前の車寄せ、単純な庇、黒く太い柱。力強く、シンボリックな入口を表現している。

炭鉱で当てた鉱山主の多くが豪邸などを建てて満足する中、「鉱山はやがて尽きる。その時のために他の事業を起こす必要がある」と考え、鉄工、紡績、セメント、窒素、鉄道などの会社を次々に設立。市内の道路、上水道などのインフラ整備や教育にも力を入れ、ついには衆議院議員となって、生涯宇部の発展に尽くした。

昭和九（一九三四）年に渡辺が没すると、その功績を顕彰するため、関係する七社が基金を出し合い、公会堂として利用できる記念会館と公園を建設し、市に寄贈することになった。建築家には村野藤吾（一八九一〜一九八四）が選ばれた。

村野は北九州で貧しい家庭に育ち、八幡製鐵所に入るも、その後所属した軍隊の上官に勧められて学問に目覚め、早稲田大学へ進学する。当初電

1階エントランスホール。大理石の円柱が林立している。柱の上部は青とオレンジのリングに塗り分けられ、明るく軽快な印象を出している。

気を学んでいたが、途中で建築に転科。二七歳で建築学科を卒業すると、図面を見た建築家の渡辺節に見込まれ、彼の建築事務所に入所（「神戸商船三井ビル」（五四頁）などを担当）。約一〇年間、様式建築をきっちり仕込まれるとともにその右腕となって活躍、昭和四（一九二九）年、三八歳で独立すると、森五ビル（現・近三ビルヂング／東京）、そごう大阪店など次々と話題作を手がけていった。なかでもこの記念会館は、脂ののった村野が渾身の力を振り絞って取り組んだ、戦前の村野の代表作である。

当時は様式建築の最後の花が咲き、同時にモダニズム建築が産声を上げていた時期だが、この建築はそのどちらにも当てはめることのできない特異なデザインである。

2階のロビーは、市松模様の床、柔らかな平行線を描く天井、色違いの柱と、1階とは全く異なるデザインで雰囲気の違いを演出している。

建物正面に立つと目に入るのが、左右に三本ずつ合計六本の高い柱。その中央には渡辺翁の銅像が建つ予定だった台座があり、この七つの構造物が、寄贈者である七つの会社を象徴している（渡辺翁の大きな銅像は会館の目の前の公園に設置されている）。

建物の外壁は、渋い紫がかったタイルで覆われ、緩やかにカーブする正面の壁は、三段に重なって奥行きを表現している。玄関の壁面には宇部興産の労働者たちを表すつるはしを持った鉱夫たちのレリーフが彫られている（宮島久七作）。

内部は、外からは窓があまり見えなかったが、壁面の一部がガラスブロックになっているため思いのほか明るい。ロビーは一階と二階でそれぞれ色や材質の異なる柱が立ち並び、重厚ながら躍動

大集会堂は穏やかな曲線、静かな灰色に統一された落ち着いた雰囲気になっている。講演や演奏に意識を集中させることを目指したのだろうか。

感のある雰囲気を醸し出している。

特に一階のエントランスホールには、柱頭部が虹色に彩色された円柱が並んでおり、これにはかなり驚かされる。

それに対して大集会堂（ホール）は、濃淡のグレーで統一された穏やかな色味と柔らかな曲面が波のように広がる落ち着いた空間になっている。

特徴的なのが、入口につるはしを担いだ炭鉱労働者のレリーフがあったり、工場群をデザインしたモザイクが埋め込まれていること。建築全体に渡辺翁と関連企業、さらにはそこで働く労働者へのリスペクトが感じられる。

開館から九〇年近い年月が経つ現在でも、市民にとっても自慢の建築となっている。音響効果に定評あるホールは、国内外の一流の演奏家やオー

右上：玄関前、受付左右の鉱夫たちの浮き彫り。右下：2階へ登る階段。
左上：壁面を飾る工場のモザイク壁画。左下：大集会堂の最上段。

ケストラに愛され、ヴァイオリニストのメニューインは自身の演奏会場に指定し、ピアニストの辻井伸行は「弾きがいを感じる」と述べている。また小中学校の音楽祭や成人式（現在は二十歳のつどい）など、市民の人生の節目を彩ってきた。

村野はその後も宇部興産ビルを初め、宇部で多くの建築の設計に携わり、昭和五四（一九七九）年には記念会館の隣に宇部市文化会館も手がけている。

戦後、モダニズムとはちょっと距離をおきながら、常に話題の建築を作り続け、世界平和記念聖堂、日生劇場、千代田生命（現・目黒区総合庁舎）や箱根プリンスホテル等の設計で注目を集めてきた村野にとって、渡辺翁記念会館は原点ともいうべき重要な作品である。

（山口県宇部市）

正門を入ると、レーモンド設計の正面の本館をはじめ、校舎群が芝生の広場を囲んで展開している。チャペルが建っているのは、この右手前。

東京女子大学チャペル

設計　アントニン・レーモンド
一九三八（昭和十三）年

アントニン・レーモンドは、帝国ホテルを設計するフランク・ロイド・ライトの助手として、大正八（一九一九）年暮れに来日した。第一次世界大戦後の疲弊したヨーロッパに比べ、日本には活気があった。帝国ホテルは、訪日客の増加を期待して大規模な新館の建設に着手。ライトは久しぶりの大きな仕事に興奮し、構想はどんどん膨らんだが、下で働く助手たちには際限のない膨大な作業が要求された。レーモンドはこの単調な仕事が次第に耐え難いものとなっていき、ついにライトと訣別した。

それぞれ異なる形や色のガラスを埋め込んだコンクリートブロックで壁面全体が包まれており、外から見ても独特な表情を見せている。

こうしてレーモンドは大正十一（一九二二）年、日本で自分の設計事務所を開いた。ちょうどその頃レーモンドの祖国チェコスロバキアが独立し、レーモンドは名誉領事に任命された。このため国内外の要人たちとの交友の機会がふえ、住宅、大使館、クラブハウスなどの依頼が次々に舞い込んできた。

東京女子大学もその中の一つだ。アメリカのキリスト教超教派による支援で大正七（一九一八）年に創立され、学長に新渡戸稲造、学監に安井てつを迎えた東京女子大学は、吉祥寺の近くの二万坪の土地を新校舎の敷地として購入していた。

キャンパス計画全体を任されたレーモンドは、敷地を検分し、美しい芝生の中庭を囲むように、本館、校舎、外国人教師の住居など次々に設計し

1階の石張りの壁面の他は、徹底してコンクリートが使われており、コンクリートだけでもこれだけ豊かな空間が作れることを示している。

ていった。その最後を飾ったのが、このチャペルだった。

レーモンドはライトの元を離れて以来、彼の大きな影響力から抜け出すことに苦心していたが、次第に独自の道を見出していった。

一つ目は木造建築。軽井沢の聖パウロカトリック教会に見られるように、日本の木材の特徴と日本人大工の技術を生かして快適な空間を作る方法を見つけ出していた。

もう一つは、鉄筋コンクリートの可能性。無装飾の打ち放しコンクリートを大胆に使い始めたのは、世界でも最先端をゆく試みだった。

東京女子大学のチャペルの設計にあたってレーモンドが目指したのも、徹底的なコンクリートによる建築であった。

後ろを振り向くとパイプオルガンが見える。コンクリートブロックによるステンドグラスで覆われた礼拝堂は見事にその使命を果たしている。

コンクリートによるチャペル。しかし、世界には、その前例があった。フランスのル・ランシーに建つノートルダム教会（一九二三）である。設計したオーギュスト・ペレは、世界でもっとも早く鉄筋コンクリートを建築に応用した建築家であり、中でもこの教会は高い評価を得ていた。

本格的な教会建築の経験のなかったレーモンドにとって、それはあまりにも完璧な近代建築だった。そして彼は迷わずこれを手本として設計することにした。学内のチャペルなので規模は小さいが、そのたたずまい、空間はペレの教会と瓜二つである。

このチャペルをペレの模倣だとして、その価値を否定する人もいる。しかし、レーモンドは建築の独創性について独特の感覚を持っていた。ル・

パイプオルガンへ登る階段と柱。ここでも徹底して剝き出しのコンクリートが使われている。張り出した回り階段と手すりは特に興味深い。

コルビュジエの未完の建築図面を利用して、魅力的な山荘（現・ペイネ美術館／軽井沢）を建て、ル・コルビュジエと論争になったが、後に和解している。ル・コルビュジエの案を生かしながら、もっと魅力的な建築にしたと認められたのだ。

さらに、戦後再来日して麻布に自宅兼オフィスを建設したが、それを見た高崎の建設業者井上房一郎から、火事で自宅を失ったのでこれと同じ住宅を建てさせてほしいと頼まれると、喜んで図面一式を提供した。井上は大工を派遣してレーモンドの家を隈なく実測し、そっくりの家を作ってしまった。レーモンドの自宅はその後失われたが、そのコピーである井上邸は残され、高崎市美術館の一部として公開されている。

レーモンドは自分の作品集と詳細図集を刊行し

右上：タワーの先端。右下：正面中央の祭壇もコンクリート製。左上：外壁のコンクリートブロック。左下：説教台も打ち放しコンクリート。

（一九三五、一九三八）、日本建築の特徴を取り入れた工夫を世界中に普及しようとした。良いものは分かち合おうと考えたのだ。

チャペルに入ってまず目を奪われるのが、四二色の色ガラスをはめ込んだコンクリートブロックで埋め尽くした壁面だ。

カラフルな光が降り注ぎ、さながらゴシック建築のステンドグラスのようだ。そして目を凝らして見回せば、天井、柱、階段、説教台まで、徹底してコンクリートでできているのを発見してさらに驚かされるのである。

この時代にここまで徹底的にコンクリートを使いこなしていたことは予想外だった。しかもまもなく百年経とうとするのに、まったく古さを感じさせないのはすごいと思う。

（東京都杉並区）

明治維新と共に続々と来日した外国人たちはまず自分の住まいを必要とした。彼らが自分のために作った住まい、それが「洋館」だった。それは日本人にとって目新しく憧れの的となった。

彼らの洋館に倣って政治家、皇族、華族、成功した実業家たちが次々に洋館を建て始めた。

それを設計したのは、来日した宣教師、そして外国人建築家たちだった。

必然的に洋館が建ち始めたのは、最初に港が開かれた横浜、神戸、長崎などだった。

洋館は、ただ住むためのものではなかった。応接間、迎賓館、パーティ会場として使われる多目的なものが多かった。

そのため、日本人は、住むためには洋館とは別に和風の住宅を必要とした。多くの場合、洋館と

第二章
住宅編

和館はセットになって建てられた。

求めに応じて多くの外国人建築家が来日したが、なんと言っても外国人建築家の代表はイギリスから招かれたジョサイア・コンドルだった。彼が設計した本格的な住宅の存在感は今見ても圧倒的である。

彼の他にも多くの外国人建築家が来日し、日本に骨をうめた建築家も少なくない。

しかし、日本人が快適に住むための住宅建築の工夫は、なかなか始まらなかった。

明治から大正に入ると、鉄筋コンクリート造のモダニズムと言われる合理的な建築の作り方が始まるが、それらと並行していろいろな試みが行われ、今見ても輝きを放っている魅力的な住宅が少なくない。

２つの突起部と三角屋根を持つ左右対称の外観は、姿・形といい、色合いといい、神戸の洋館群の中でも飛び抜けて美しく、堂々としている。

旧ハンター住宅

設計　アレクサンダー・ネルソン・ハンセル
一八八九（明治二二）年

カナデビアという会社がある。二〇二四年一〇月に日立造船から社名を変えた。かつては日本の三大造船所の一つと言われたが、今は船を造っているわけではない。しかも七〇年も前に日立グループから抜け、ゴミ焼却発電設備、海水淡水化プラントをはじめとする環境関連プラントで世界の最先端を行く企業である。この会社の創業者がエドワード・ハズレット・ハンター、今回とりあげる住宅の元の所有者だ。

ハンターは一八四三年に現在の北アイルランドで生まれ、二二歳のとき開港直後の横浜へ上陸。

当初はベランダだった外まわりに複雑な桟のガラス窓をはめ込んだので、内部が大きなサンルームのようになって、一段と魅力的になった。

そこで出会ったイギリス人貿易商キルビーとともに、明治元（一八六八）年に開港したばかりの神戸へ拠点を移し、造船所の指揮監督をしながらビジネスの要点を身につけた。

この頃、このように未開の地に飛び込んで活躍の場を切り開いてゆく冒険的な若者が数多く来日していた。

明治七（一八七四）年、三一歳で独立してハンター商会を設立。西南戦争で西郷軍の軍需物資を取り扱って成功し、さらに明治一四（一八八一）年、大阪鉄工所（のちの日立造船）を設立した。

大阪鉄工所は、船舶の修理・建造の他、橋梁の建造なども手がけた。明治四一年には、国産第一号の鋼製トロール船（底引網漁船）を建造し、のち、国産のほとんどのトロール船を建造した。そ

この当時の洋館の部屋の構成は、どれもほとんど変わらないが、いちばん特徴を出せるのが、暖炉と照明器具、そしてベランダだった。

のころには三菱造船所、川崎造船所に次ぐ、日本三大造船所に成長。造船の他にも、精米、レンガ、タバコ、製紙など近代化する日本に必要な産業を次々に起業し、数々の企業を軌道にのせ、ついに「範多《はんた》財閥」といわれるまでになった。

ハンターが成功した理由の一つは日本人を信じて協力者を育てたこと。外国人は居留地の中でしか活動できなかったが、ハンターは紀州藩士秋月清十郎をパートナーとし、秋月の居留地外での活躍がハンターを助けた。

私生活でも積極的に日本の風俗、文化を理解し、取引先の娘平野愛子と結婚して三男一女をもうけた。晩年に近代産業の振興や不平等条約改正への貢献により、勲五等双光旭日章を受章するなど、日本社会に深く根をおろして活躍した。

リビングルーム。南側のベランダから日が差し込み、暖炉があるので、そこに人々が集まる。ベランダに張り出した窓が魅力をそえている。

ハンターの会社を受け継いだのは長男の龍太郎。その下の範三郎はイギリス留学ののち鉱山技師となり、数々の鉱山を切り開いて活躍した。

成功を収めたハンターは明治二八（一八九五）年、神戸北野天満神社周辺（現在の北野異人館街）に三千坪の土地を購入し、「理想郷」を作っていく。まず日本家屋を建てて住み、その後、明治四〇（一九〇七）年にドイツ人貿易商グレッピーが手放した洋館を引き取り、改修のうえ移築。それがここに取り上げた邸宅である。

洋館の設計者はアレクサンダー・ネルソン・ハンセルと推定されている。ハンセルはフランス生まれのイギリス人で、明治二一（一八八八）年に大阪の神学校教師として来日。その後神戸で建築家として独立し、教会やミッションスクールなど

応接間と言っても、特に変わった趣向があるわけではない。カーテンや家具で差をつけているが、天井、壁も特に変わったところはない。

の設計を広く手がけた。

関西を拠点にした外国人建築家といえば、近江兄弟社の設立者としても知られるメレル・ヴォーリズがいるが、彼が大活躍するまで、この地域の洋風建築は主としてハンセルが手がけていた。

ハンター邸の外観でまず目を引くのは、左右対称に張り出した二か所のベイウィンドウで、その上の山型の破風とともにダイナミックな躍動感を与えている。また大きな特徴は、ベランダがすべてガラス窓で覆われていることだ。これはハンターが手に入れてから改修時に加えた変更とされ、木部の渋い緑色の柱と壁、白い菱形のサッシのガラス窓は、他の異人館にはない個性といえるだろう。このため、ベランダの内部はサンルームのような魅力的な空間となっている。

右上：玄関上部の庇。右下：腰回りの造作。左上：ベランダのガラス窓は菱形のサッシが切り取る風景が心地よい。左下：階段の照明器具。

北野の「理想郷」でハンターは主として和風の住宅に住み、庭に植えた桜を楽しみながら余生を送り、七四歳で逝去した。邸宅は長男の龍太郎、さらに孫の龍平が受け継いだ。

ハンター邸は、戦後、所有者が転々と変わり、取り壊しの危機もあったが、保存運動によって昭和三八（一九六三）年に神戸市立王子動物園内に移築された。一方、日本家屋のほうはそのまま北野に残され、現在「神戸北野ハンター迎賓館」という結婚式場として利用されている。

王子動物園エリアの再整備のため、ハンター邸はもとの北野界隈に移転することになりそうである。ハンター邸が三度目の移転でもとの場所に戻れば、北野の洋館群は一段と輝きを増すに違いない。

（兵庫県神戸市）

本格的な大邸宅だが、木造というのが面白い。格調高い建築でありながら、どこか優しさを感じさせてくれるのはそのためかもしれない。

旧岩崎邸

設計　ジョサイア・コンドル
一八九六（明治二九）年

久しぶりに岩崎邸を訪ねて、何やら最近見た建築とよく似ているのに驚いた。そう、丸の内の三菱一号館のカフェとそっくりなのだ。一号館はいま美術館になっていて、一階の一部がかつての銀行の内部をほとんどそのまま生かしたカフェとして活用されている。その室内の木造の円柱、天井などが岩崎邸のホールなどとそっくりなのだ。

考えてみると、理由は明らかだった。

岩崎邸は三菱一号館の二年後、明治二九（一八九六）年にできている。一号館はレンガ造のオフィス、岩崎邸は木造の住宅だが、ともに設計はジ

丸ではなく、四角い尖塔、その下の３つ並んだ小さなアーチなど、力強さよりは、愛嬌のある、楽しいデザインにコンドルの力量を感じる。

ヨサイア・コンドル、施主は三菱三代目社長・岩崎久彌（一八六五〜一九五五）。用途が違うとはいえ、似ていても不思議はない。

コンドルは、明治一〇年、二四歳でイギリスから招かれたお雇い外国人建築家。若くほとんど実績はなかったが、学業の成績は優秀だった。

政府がコンドルに期待したのは、先進国に見劣りしない本格的な建築を設計して欲しいこと、さらにそのような建築を設計できる建築家を育てることだった。

期待に応えて、コンドルは工部大学校造家学科（現・東京大学工学部建築学科）で多くの人材を育て、それまで日本になかった「建築家」という仕事とその生き方を示した。

また、教え子の辰野金吾が教授に就任するにあ

メインホールと緩やかな大階段。２本ずつセットになって、細かな彫刻を施された木製の柱。ここがこの住宅内部の一番の見せ場になっている。

たって三一歳で学校を解雇されても日本に留まり、傾倒していた日本文化を学び続け（日本画、日本舞踊、作庭、生け花、歌舞伎、落語など）、次々に著書を著して欧米に紹介した。

建築家としても、三菱一号館の他、ニコライ堂、綱町三井倶楽部、島津家本邸、古河虎之助邸（現・古河庭園）など数多くの洋館を設計したが、とくにつながりの深かったのが岩崎家である。

コンドルが三菱の顧問となったのは明治二三年、二代目岩崎彌之助が政府が払い下げた丸の内の八万坪の広大な敷地を購入したときだ。そこに久彌がコンドルに設計を依頼して建てたのが三菱一号館で、これが今日の丸の内のビジネス街のはじまりである。

丸の内には、一号館に続いて、二号館、三号館

1階の婦人客室。正面左右の壁にはアラビア風の華やかな装飾があり、天井はシルクの刺繍を施した布ばりになって一段と華やかである。

とレンガ造のオフィスビルが建てられ、ついに一丁ロンドンと言われるビジネス街に成長していった。丸の内は今も成長を続け、日本のビジネス街の中心であり続けている。

一号館の後、久彌が続いてコンドルに依頼したのが、上野の不忍池《しのばずのいけ》にほど近いこの自邸だ。三菱初代社長の父・彌太郎が購入していた土地で、約一万五千坪あった。コンドルは、ここに内外の要人や政財界人をもてなす迎賓館となる木造の洋館と、隣接するスイスの山小屋風の撞球（ビリヤード）室を設計した。

一方、居住用には洋館から渡り廊下でつながる和館（日本家屋）が名棟梁の大河喜十郎の手で建てられた。二〇棟ほどもある大邸宅だったが、現在は大広間のある一棟だけが残っている。

南側は広い庭に向かって大きく開いたベランダ。このベランダこそ、日本の洋館の最大の特徴。上下の柱のデザインが異なるのも見どころ。

洋館の見せ場は、なんといっても角型ドームの塔屋を含む、変化に富んだ壁面と窓で構成された北側のファサード。木造なのは久彌のこだわりだったようだが、やわらかく繊細な雰囲気だ。清泉女子大学本館（一六〇頁）と比べると木造のやわらかさがよくわかる。

階段室を含む大ホールの他、暖炉や天井など部屋ごとに異なるインテリア、貴重な金唐革紙の壁紙（二階客室壁面）などが楽しめる。

南側は、広大な庭に向けて間口いっぱいにベランダが設けられている。ベランダはコンドルが得意としていたもので、気温や湿度の高い日本で特に好まれた。一階のベランダは、床にイギリス・ミントン社製のカラフルなタイルが目地なしで敷き詰められて非常に魅力的。二階のベランダは、

右上：２階のベランダ、床は木造。右下：１階のベランダ。床はイギリス製のタイル。左上・下：階段室の窓ガラス。繊細なサッシが美しい。

晴れた日には、鋳物の手すりの唐草模様が影となって木造の床に映るさまが印象深い。

また広い芝生の庭から離れて見ても、ベランダの柱が一階と二階で微妙に異なる様式になっていたり、左右の両端部の柱が二本ずつペアになっていたり、見事なバランスを見せている。

終戦後は進駐軍に接収され、岩崎家の家族は日本家屋の一隅に押し込まれたという。返還後国有財産となり、最高裁判所司法研修所として使用されるなどしたのち、復元工事を経て平成十三（二〇〇一）年より旧岩崎邸庭園として一般公開されている。

敷地は当初の四割だが、それでも十分に広い。洋館はよく保存され、岩崎家の財力とコンドルの力量が十分味わえる力作だ。（東京都台東区）

ベランダが大きく飛び出した珍しい洋館は、目の前に穏やかな明石の海岸を眺めながら、遠景には明石海峡大橋の巨大な塔を望むことができる。

旧武藤山治邸

設計　大熊喜邦
一九〇七（明治四〇）年

荒川と隅田川に挟まれた東武伊勢崎線に鐘ケ淵という駅がある。明治二二（一八八九）年、このあたりに大きな紡績工場を建てたのは東京綿商社という綿花や木綿を扱う三井系の会社。

後に鐘淵紡績、鐘紡、カネボウと社名を変えた巨大企業の出発点である。この会社が関西、そして中国大陸を視野にさらなる発展を目指して建設しようとしたのが兵庫工場。ここに派遣されたのが三井銀行の武藤山治だ。

武藤は慶應義塾卒業後、仲間と渡米し、皿洗いなどをしながら苦学の末アメリカの大学を卒業し

鋭い三角の屋根、丸く大きなベランダ、その手すりなど、非常に珍しい洋館は海に向かって景観を楽しむことに設計の力点が置かれたようだ。

て帰国。三井銀行に入社して二年目、二七歳で鐘紡の兵庫工場建設という大役を任された。

二年をかけて東京工場を上回る工場を完成させ、一三〇〇人の工員を集めた武藤が最も力を入れたのが、人間尊重の家族主義経営だった。福利厚生に力を入れ、工場内に学校や託児所をつくった他、共済組合、社内報などを始めた。

こうして兵庫工場を軌道に乗せると、鐘紡の支配人になった。

紡績業は糸を紡ぐまでが仕事だが、武藤はさらに布を織る織布へも手を広げ日本有数の大企業にすると、次は社会に目を向け、大正十三年には衆議院議員に当選し、三期勤める間、昭和五年に鐘紡社長を辞任。時事新報社長に就任し政財界の不正を暴く記事を連載中、昭和九年出勤途上で暴漢

円形のベランダからは、目の前の明石海峡の風景が存分に楽しめる。紅白のタイル張りの美しい床、取り囲む柱、円形に沿った手すりなど見事。

に襲われ死去。享年六七。

武藤が舞子海岸に建てたのがこの洋館である。当時は隣接して和館もあり、生活は主に和館で、来客は洋館に迎えていた。武藤の死後、「鐘紡舞子倶楽部」の名で従業員の福利厚生施設として利用され、平成一九年、洋館がカネボウから兵庫県に寄贈された。

修復の上、当時の家具や絨毯もそのままに、極めて美しい状態で保存公開されている。書斎には、読書家だった武藤の愛読した洋書も残されており、その面影を偲ぶことができる。

設計者の大熊喜邦《よしくに》は、国会議事堂（一〇八頁）の設計で知られているが、武藤邸は、東京帝国大学の建築学科卒業後、設計事務所の横河工務所に入社して二年目に担当した最初期の作品である。

1階奥の応接室を彩る絨毯、ソファ、カーテンなどが優雅に調和したデザインになっている。この住宅全体が来客を意識して作られている。

大熊は武藤邸を完成させた後、帝国劇場の基本設計ののち大蔵省に引き抜かれ、のちの国会議事堂の建設チームに加わる。紆余曲折があり、実際に議事堂が着工されたのは一〇年ほど後になるが、それから昭和十一（一九三六）年の竣工までの一八年間ほど、多くの専門家をまとめつつ、大蔵省などの膨大な要求を聴き入れ、ほぼすべての材料を国産品でまかないながら、世界に誇る建築を完成させた。大熊はこの極めて困難な大仕事に心血を注ぎ、議事堂が竣工すると直ちに辞表を叩きつけるように提出して家族を驚かせた。文系の文官たちの理不尽な要求に耐え難かったからだといわれている。

彼の人生は国会議事堂のためにあったようなものだった。

1階の食堂の2つの出入り口と、その間に挟まれた食器棚、どれも重厚な木彫に縁取られて、気品ある食堂の格式を一段と高めている。

日本銀行本店、東京駅の設計を成し遂げた後、いよいよ国会議事堂の設計に手が届きそうで叶わなかった辰野金吾とは対照的に、国会議事堂の設計に携わったわけだが、大熊は豊かな教養を持ちながらも控えめで、他人の意見をよく聞く紳士的な性格だったため、議事堂の設計に携わる多くのスタッフをまとめて無事に竣工まで漕ぎ着けた。

大熊家は代々徳川幕府につかえた直参《じきさん》の旗本だったこともあり、江戸の建築・文化に造詣が深く、『東海道宿駅と其の本陣の研究』など多くの著書も残している。

改めて武藤邸を見てみると、鋭い切妻屋根の下に、木造下見板張りで、柱をアクセントとして力強くまとめている。

一番の特徴である丸い大きなベランダは、床の

食堂は、木材を菱形に張った天井（右）、中心の膨らんだ食器棚（左上）とどれも非常に手が込んでいる。左下は階段下のステンドグラス。

タイルといい、手すりや支える柱といい、実に美しい。舞子の海岸に向かって大きく開かれたここに来客を案内してもてなしたに違いない。

室内では特に食堂のつくりが見事で、菱形に張った板張りの天井や船の舵輪のような中心飾り、彫刻、大理石の暖炉など見所が多い。

奥の広間では、今も定期的にコンサートが開かれ、市民に親しまれている。

平成一〇年に神戸と淡路島を結ぶ全長約四千メートルの世界最大級の吊り橋明石海峡大橋ができ、近くに巨大な主塔が立ち上がっているが、それもベランダから望む風景の一部になっている。

施主の武藤が後に国会議員となり、設計者の大熊が国会議事堂の設計に携わるという極めて稀な縁を感じさせる住宅である。

（兵庫県神戸市）

南側にある玄関は控えめで、特に目立つ所はなく、そのまま見過ごしてしまうほど、地味な木造下見板ばりの普通の住宅にしか見えないもの。

外交官の家
（旧内田家住宅）

設計　ジェームズ・マクドナルド・ガーディナー
一九一〇（明治四三）年

明治・大正時代に建った住宅、つまり百年もたった個人住宅を維持・管理してゆくのは並大抵のことではない。よほど強い気持ちと確実な経済的裏付けがなくては叶うものではない。

そこでほとんどの家は残したくとも残念ながら解体されてしまう。ところが稀にその価値が理解され、保存されることがある。この外交官の家が保存されているのは、奇跡的な一つの出会いがあったためだ。

建築・都市研究者の陣内秀信さんが、雑誌『東

山下公園や横浜港が見える北側は大きな窓、展望のきくサンルームなど、最初からこの敷地を想定していたかのように見事に収まっている。

京人』（一九八七年七・八月号）の企画で渋谷界隈を歩いていた時だった。かなり傷んではいるが、どこか気品のある洋館が茂みの中に見えた。近づいて仲間たちと品定めをしていると、中から一人の婦人が現れ、この家を残したいけどどこも引き取ってくれない、壊すしかない、と寂しく語りかけた。この婦人、宮入《みやいり》久子さんは、この家を建てた外交官・内田定槌《さだつち》の孫にあたり、自分が育ったこの家には格別の愛着があった。

陣内さんは、では私が当たってみましょうと、研究者仲間の藤森照信さんに、そして藤森さんから当時横浜開港資料館に勤務していた研究者仲間の堀勇良さんに取りつがれて、横浜市役所に伝わり、横浜市が引き取ることになった。

山手イタリア山庭園という港の見える最高の場

窓、飾り棚、暖炉と三方の壁がくり抜かれて、食堂はこの住宅の中心になっている。来賓をもてなすうえでも重要な部屋だったと思われる。

所に、たまたま残されていた設計図をもとにして建設当時のままの姿に移築再建されたのが平成九（一九九七）年。横浜市としては、関東大震災で古い洋館を失って、山手本通りに残っていた洋館は全て大正・昭和期のものだったため、明治時代の建築はぜひ欲しいものだった。

明治政府の外交官、内田定槌（一八六五〜一九四二）は、ニューヨーク総領事、トルコ特命全権大使などを歴任した戦前の代表的な外交官だった。この家は明治四三（一九一〇）年、東京渋谷の南平台に建てられたもので、家とはいっても、内外の賓客をもてなすことの多い迎賓館のような住宅であった。

家族のための寝室や書斎はすべて二階に置き、一階は食堂、二つの客間などが有機的に繋がり、

連続した２つの客間のうち、奥の暖炉のある部屋。さらに奥は明るいサンルームへと続いている。全ての部屋が開放的に繋がっている。

パーティにも対応できる来客を意識した間取りになっている。とくに北東コーナーの塔屋部分に作られたサンルームは、一階から三階までどれも見晴らしの良い快適な部屋で、外観上も最も魅力的な部分だ。三階の展望室とその尖った屋根は、まるで初めからこの敷地を想定して設計したかのように敷地によく馴染んでいる。

設計は、アメリカ人建築家ジェームズ・マクドナルド・ガーディナー（一八五七〜一九二五）。

ハーバード大学を中退（のちに卒業）して二三歳でアメリカ聖公会から宣教師として派遣されて来日、築地の外国人居留地にできたばかりの立教学校（現・立教大学）の校長に就任するが、教壇に立って化学と英文学を教えた。数年後に築地の新校舎群や教会を建設することになり、この間、

玄関ホールにはステンドグラスの入った扉など、豪華とはいえないが、豊かな空間が広がっている。２階の私室へ行く階段も楽しそうだ。

校長、教員のみならず、建築家の役割も務めた。

それを機に建築の面白さに目覚めたようで、のちに校長を退任して建築設計に専念する。明治三六（一九〇三）年、四六歳でガーディナー建築事務所を開設し、日本各地に教会や住宅などを建設している。栃木の日光真光教会礼拝堂、青森の日本聖公会弘前昇天教会、京都の聖ヨハネ教会（博物館明治村に移築）、聖アグネス教会など優れた教会建築がいくつも残っている。

ガーディナーは、特別に建築の教育を受けていないにもかかわらず多くの建築を設計しているのは興味深い。これは宣教師兼教師として来日した建築家ウィリアム・メレル・ヴォーリズの生き方と似ている。宣教師は布教のため世界各地に派遣されるが、布教にあたってまず必要になるのが教

右上：１階の開放的なサンルーム。右下：階段に寄り添って登る３つの窓。左上：玄関扉のガラス窓。左下：フランス窓のステンドグラス。

会なので、基本的な素養として教会などの建築の知識を持っていたのだと思われる。また、本格的な設計のためには本国から建築家を呼び寄せることもあったと思われる。

今日では、建築基準法など複雑な法律に縛られて建築士の資格なしには建築の設計ができなくなっているが、本来、建築家とは、専門教育や資格よりも、広く深い教養の方が大切な仕事なのかもしれない。

「外交官の家」は、今では横浜の山手本通りに欠かせない重要な建築遺産になっており、一般の観光客の見学の他、ギャラリーとしてテーブルセッティングで陶磁器の展示会を開くなど、市民に多様に使われており、隣接するカフェと併せて人気の観光スポットになっている。（神奈川県横浜市）

建築本体とは不釣り合いに高い塔が寄り添っている。近くを流れる揖斐川の川堤に植えた桜を見るために特別高く建てたものだった。

六華苑
（旧諸戸清六邸）

設計　ジョサイア・コンドル
一九一三（大正二）年

桑名といわれても、どこにあるのか見当もつかなかった。

「その手は桑名の焼き蛤《はまぐり》」のダジャレが頭に浮かんだくらいだ。

しかし、調べてみると、実は桑名は、東海道五十三次の四二番目の宿場。一つ前の宮宿との間は木曽三川（木曽川、長良川、揖斐《いび》川）の河口にあたり、東海道でただ一つの海路「七里の渡し」（約四時間の航路）となる重要な場所であった。

そのため古来、西の物資が桑名に集まり東へと送

日を浴びる明るいベランダ。１階はベランダのままだが、２階はガラスで覆われてサンルームになっている。とても興味深い構成だ。

られ、東の物資は西に送られるという物流の拠点でもあった。とくに伊勢、美濃、尾張の日本屈指の穀倉地帯を背景に多くの米がここに集まった。

こうした場所柄、米の取引が盛んになり、米相場が立ち、桑名の相場が全国の米の値段を決めるとまでいわれた。桑名では相場をしない者はないというほどで、一夜にして巨万の富を手にするものもいれば、失うものもいた。

諸戸清六（一八四六〜一九〇六）は桑名の北、加路戸新田の代々庄屋の家に生まれた。しかし、父・清九郎の代で商売に失敗して破産し、夜逃げ同然に桑名に移住した。清六は一八歳で家督を相続したが、受け継いだものは「布団、衣類、道具と二〇石積の船一艘と千両を超える借金」だった。清六は労を惜しまず働いたほか、米穀業や米

食堂は木枠で縁取られながら、床の赤い絨毯、黄色の壁紙、白い天井と華やかに彩られた洋風の部屋だ。

の相場で利益をあげ、三年で借金を返済した。

明治維新後も才覚を発揮し、西南戦争では軍用物資の調達に辣腕を発揮して成功した。こうして大隈重信や岩崎彌太郎ら中央の要人の信頼を得て事業を拡大してゆき、明治十一年には大蔵省御用の米買付け方となった。事業の成功とともに次々に田畑や山林を買い集め、ついに日本一の山林王と呼ばれるほどの実業家となった。

その一方、郷土の公共事業にも関心を寄せ、当時衛生状態の悪化のため伝染病に苦しんでいた町内に私財を投じて水道を引き、共用栓五五か所、消火栓二四か所を設置して、無償で町民に開放している。

そんな初代清六の急死を受けて家督を継いだのが、四男にあたる二代目清六（一八八八〜一九六

２階の居間は洋館には珍しく、押入れやタンスをあしらったまるで和室のような雰囲気で、色も単色の落ち着いた部屋になっている。

九）である。彼は父が築いた資産や人脈を受け継ぎ、事業を拡大発展させるとともに、私財を提供して返済不要の奨学金制度を設立している。これは百年後の現在も続いており、のべ三五〇〇人以上の学生の進学を助けてきたという。

二代目清六は、揖斐川に面する五千坪の広大な敷地を入手して、ここに洋館と和館さらに和洋の庭園からなる自邸を建てた。

洋館の設計は、岩崎彌太郎に紹介されたジョサイア・コンドル。コンドルは、ほとんどの作品が東京か横浜に集中しているので、桑名ほど遠い場所に建っているのは珍しい。しかも設計を依頼した時、清六はまだ二三歳であった。これだけでも清六の野望の大きさがわかる。

木造二階建てのこの住宅で最も興味深いのは、

1階のベランダは、捲れ上がった庇、トックリ状の手すり子、2色のタイルをデザインした床など、かなり手の込んだ作りになっている。

水色の外壁と、玄関脇の四階建ての塔屋である。この塔、母屋に対してやや高すぎる印象がないだろうか。実は、コンドルは三階建ての塔として設計したのだが、それでは近くを流れる揖斐川が見えなかったため、清六の指示で四階建てに変更したといわれている。揖斐川の堤防には、初代清六が植えた桜並木があったのだ。

塔の内部にはテーブルを置き、招いた客をここに案内して、コーヒーを飲みながらともに揖斐川を望む景観を楽しんだという。その窓は丸い壁に合わせて曲面になっており、曲面ガラスが使われているのも当時としては極めて珍しい。

南側の一階はタイルを貼った開放的なベランダ、二階は大きくガラス窓の入ったサンルームになっていて、外から見ても、中から見ても、この

右上：２階のサンルーム。右下：１階のベランダの内側の応接間。左上：丸い塔屋の上部。左下：塔屋の中は壁もガラスも曲面になっている。

家の最も魅力的な部分に違いない。ベランダの前には大きな芝生の庭園が広がっており、隣接する日本家屋とともに豊かな環境を形成している。

外壁が水色というのは、極めて珍しいが、これは後の補修に当たって、建設当時の資料が残されていなかったため、外壁の古い塗装の層を分析した結果、当初はこの色だったと推測して決めた色だといわれている。最初に目に飛び込んでくるのでかなり意表をつかれる。

ちなみに清六は東京進出のため、大正一〇（一九二一）年頃、鎌倉に住宅を購入している。もともと株式仲買人の福島浪蔵が自邸として建てたもので設計者は不詳だが魅力的な西洋館だ。こちらは最近まで、鎌倉市長谷子《はせ》ども会館として使用されていた。

（三重県桑名市）

広い芝生に向かって大きくベランダを張り出した建築は、大きな樹木に囲まれて、東京の都心には珍しい豊かな環境に恵まれている。

清泉女子大学本館
（旧島津家本邸）

設計　ジョサイア・コンドル
一九一五（大正四）年

旧島津家本邸は、ジョサイア・コンドルの晩年の力作である。

ロンドンで生まれ、一流建築家による教育を受けたコンドルは、来日したとき、最も優れた新人建築家に贈られるソーン賞を受賞したばかりの将来を嘱望される二四歳の青年だった。

そんな豊かな才能をもった若い建築家がなぜ日本に来たのか不思議だが、コンドルにとっては来日の動機は、日本趣味に熱烈にかぶれていたためだった。彼が工部大学校造家学科（現・東京大学

本体はレンガ造だが、目に触れる所には石材が使われているため石造のように見える。２本の柱が寄り添う吹き寄せが巧みに使われている。

工学部建築学科）の教師として辰野金吾ら多くの建築家を育てる傍ら、自分は、西洋かぶれしていた日本ではすっかり忘れられていた浮世絵師河鍋《かわなべ》暁斎《きょうさい》に弟子入りして熱心に日本画を学んでいた。また日本舞踊を学ぶために自宅に招いた踊りの師匠と親しくなり結婚してしまった。

このため、来日初期に設計した上野の博物館や鹿鳴館は、インドやイスラム様式の混合した奇妙な建築だった。

コンドルは日本文化を尊敬していたので、日本に西洋建築をそのまま導入することがいいとは思っていなかったのだ。イギリスから日本に着くまでの一か月の船旅の間に目にしてきた、イスラムやインドの建築こそ日本の近代化に相応しいと思っていたのだった。こうしてコンドルは来日当初

右側の玄関ホールと平行して大階段が登っている。個人の住宅にしては大袈裟だが、客をもてなす「迎賓館」のような建築だったのだろう。

は、これこそ日本に相応しい様式だと確信して設計に臨んだのだったが、ことごとく不評だった。

しかし、日本政府や企業が求めているのが本格的な西洋建築だと理解すると、次第に軌道修正して、三菱一号館、岩崎久彌邸など本格的なヨーロッパ風の格調高い建築を設計して本領を発揮し、日本の近代建築のお手本を示した。

島津家本邸はコンドルが亡くなる五年前に完成した。コンドルにとっては晩年の作品。敷地はJR五反田駅にほど近い島津山と呼ばれる高台で、江戸時代は仙台・伊達家の下屋敷だったが、明治維新後、元薩摩藩主島津忠義の所有となり、その跡をついだ忠重の邸宅として建てられたものだ。

当初は三万坪近い広大な敷地であったが、金融恐慌や第二次世界大戦を経て大邸宅の維持が困難

2階のベランダ。これだけ広ければ、夏はここでパーティができそうだ。高台の2階なので展望もよく、とりわけ快適な場所だったに違いない。

となり、昭和一八年に手放された。二〇年に日本銀行の手に渡り、二一年には進駐軍の将校宿舎として使われた。

そののち、清泉女子大学がこの建物を買い取るきっかけとなったのは、元総理大臣吉田茂の夫人雪子だろう。

雪子は旧薩摩藩出身で昭和天皇の側近牧野伸顕《のぶあき》の長女。牧野の赴任先のイタリアや、オーストリアなど海外生活が長く、カトリックの信者でもあった。二度目のローマ滞在中にスペイン系の女子修道会「聖心侍女修道会」のシスターたちと親しくなり、昭和九年に女子教育の普及のため来日した彼女たちの活動を熱心に支援した。

雪子は昭和一六年に亡くなったが、この聖心侍女修道会を母体として、昭和二五年に横須賀に設

1階の応接間は、アーチ状の3つの窓を並べた格調の高い部屋になっている。窓の前に張り出したベランダが庭に向かって伸びている。

立されたのが清泉女子大学である。開校式典で主賓として呼ばれた吉田茂は「亡くなった家内の代理として出席しました」と挨拶した。

そして、吉田茂の助力も得て、大学は旧島津家本邸を買い取り、昭和三七（一九六二）年に横須賀からここへの移転に成功した。雪子の女子教育への遺志が、鹿児島ゆかりのこの地で実を結んだことに不思議な縁を感じざるを得ない。

現在、旧島津家本邸は、美しい庭と共に大学のシンボルとして大切に修復・保存され、会議室や教室の他、学生の実習の教材としても活用され、年に数回、一般の見学者を招いて、学生たちが建築を案内し、その歴史を紹介している。

外観は一見したところ石造のように見えるが、実はレンガ造で、その外側の目に触れるところに

右上：階段のステンドグラス。右下：ホールの暖炉。左上：玄関のステンドグラスには島津家の紋章が入っている。左下：1階のベランダ。

石材が使われている。最大の見せ場は、広い芝生の庭に向かって弓形に張り出したベランダである。ベランダを支える円柱の頭部の装飾は、一階がトスカナ式、二階がイオニア式と変化がつけられ、中央部は二本ずつ吹き寄せにするなどきめ細かな配慮が光っている。住まいとしても快適な建築だったと思われるが、それ以上に大切な客を招いて饗応する役割が大きかったに違いない。

玄関の扉周りのステンドグラス、中央ホールのステンドグラスもインテリアに彩りを添えて美しく、一階の公的な諸室と二階の私的な部屋を結ぶ大階段も見事である。

玄関と階段のステンドグラスは、丸に十字の島津家の紋章を組み込んだデザインになっており、島津家の誇りが感じられる。

（東京都品川区）

南向きの住宅全体に大きな窓が広がっている。西洋の建築様式に精通した岡田が、様式を超えた自由な設計をしているところが興味深い。

鳩山会館
(旧鳩山邸)

設計　岡田信一郎
一九二四(大正十三)年

音羽御殿とも呼ばれるこの邸宅は、戦前・戦後の政治に大きな足跡を残した鳩山家四代の人々を育んだ住まいであり、今は春と秋に九〇種、一六〇〇株のバラが咲き誇る庭園を目当てに観光バスで多くの人が訪れるバラの名所でもある。

ここを建てたのは鳩山家の二代目、一郎である。当時は政治家としてはまだ駆け出しの四一歳で、元衆議院議長の父和夫が建てた木造の家を建て替えるため、ある建築家に依頼して設計を進めていたところ、親友の建築家岡田信一郎が、何で

玄関ポーチの上に聳える階段室の破風。そこには鹿や鳩が遊んでいるように見えるが、この他にもこの家には至る所にいろんな動物がいる。

俺に頼まないのだ、と抗議。慌てた一郎は、進行中の設計を破棄して、すべてを岡田に任せた。

実は一郎と岡田はともに明治一六（一八八三）年生まれで、中学から大学までずっと同じ学校の親友だった。あまりにも近すぎる存在だったため、すでに著名な建築家になっていた岡田に自分の住まいの相談をするという発想が湧かなかったのだろう。

体が弱く四八歳で早逝した岡田は、大阪市中央公会堂（四八頁）、ニコライ堂、歌舞伎座、虎屋などを設計した大御所だった。そして晩年、病床で取り組んだ明治生命館（一〇二頁）が日本の様式建築の最高峰とされていることはすでに書いた通りだが、鳩山邸は死去の八年ほど前、まだ体力も十分な頃の仕事である。しかし、岡田の没後、

奥の第一と手前の第二応接間を中心に、背後には食堂、左にはサンルーム。すべての部屋がまるで和室の座敷のように開放的に繋がっている。

建築学会誌の追悼号に掲載された四二件の作品目録には含まれていない。「その他住宅別荘の類は省略」とあり、キャリアにおいて初期の作品でもある鳩山邸は軽く見られていた。

しかし、親友がのちに総理大臣になるとは想像していなかったと思うが、そのスケール感や格調の高さなどは、将来の活躍を受け止めるに十分な建築といっていい。

岡田は飛び抜けた勉強家で、海外渡航経験がなかったにもかかわらず、西洋の歴史的な建築様式を知り尽くしていた。しかし、この住宅は鉄筋コンクリートで作っている。一九二〇年代は、鉄筋コンクリートによる合理的かつ装飾を排したモダニズム建築が本格的に始まった時代であり、岡田はその可能性にいち早く注目していた。そのた

サンルーム。ここには、吉田茂を初め、多くの政治家やジャーナリストが訪ねてきて密議を凝らした。日本の政治を動かした陰の舞台だった。

め、柱以外はすべて大きな窓という、自由な設計が可能な鉄筋コンクリート造ならではのモダニズムに近いデザインとなっている。岡田は基本的には様式建築へ軸足を置き続けたためこの住宅は様式が分かりにくい。しかし、様式にとらわれずに見てみれば、親友に設計を任された岡田が力まず自由に腕を振るった姿が見えてくる。

大きな応接間と続いた食堂、その南側に広いサンルーム。広い和室の外側に広縁を作る日本家屋の構成に他ならない。洋館に見えて、実は、日本家屋のような融通無碍の住宅建築なのだ。

内装、外観を鳩、鹿、ふくろうなど動物たちの愛嬌あふれる装飾が彩り、ステンドグラスにもたくさんの鳩が戯れている。階段室の大きなステンドグラスは特に目をひく。

2階の大広間。目一杯の大きなガラス窓が南からの日差しを受け入れて、まるで現代建築のような明るい部屋になっている。

ステンドグラスといえば、幾何学的な図案を思い浮かべることが多いが、これはドイツで技術を習得してきた宇野沢辰雄の影響が大きい。

それに対して、小川三知《さんち》は、東京美術学校（現・東京藝術大学）で橋本雅邦について日本画を学んだあと渡米、アメリカで多くの工房を渡り歩きステンドグラスの技術を身につけて帰国し、絵画的な図柄のステンドグラスを得意とした。岡田は美術学校で教え子だった縁で鳩山邸で小川を起用したため、鳩が飛び交う大変珍しい絵画的なステンドグラスが実現したのだ。

鳩山一郎は、幾多の曲折を経て晩年には首相を務め、ソ連との国交回復を成し遂げ、日ソ共同宣言を批准してシベリア抑留邦人の帰還を実現させた。ここ音羽御殿の応接間は、政治家、記者、友

右：階段室のステンドグラスは小川三知の作品。五重塔、飛び交う鳥たちを描いた作品。左上：玄関のステンドグラス。左下：玄関上の鳩。

人など来客が引きもきらず、日本の政治を動かす密議の舞台としても大いに活用された。

屋敷はその後、外務大臣を務めた長男威一郎に受け継がれ、さらにその子、民主党から総理大臣を務めた長男由紀夫、文部大臣などを歴任した次男邦夫ら、四代に渡って鳩山家の人々を支えた。

鳩山家を支えたのは、共立女子大学を創立して生涯教師を務めた和夫夫人の春子を初め、一郎夫人の薫、威一郎夫人の安子と、賢夫人達の存在も大きい。

大改修を経て、平成八（一九九六）年から鳩山会館として一般公開。見学者をおおらかに受け入れており、応接間のソファで寛いだり、サンルームの籐の椅子に腰掛けて庭を眺めたりと思い思いの時間を過ごせるのが嬉しい。

（東京都文京区）

1階の広縁は全面ガラス窓で覆われている。2階は、寝室の窓以外は濃淡の杉皮を市松模様に貼った壁になっていて、風景に溶け込んでいる。

イタリア大使館別荘

設計　アントニン・レーモンド
一九二八（昭和三）年

ペリー来航による開国後、「神秘的」な日本を目指して、好奇心旺盛な欧米人たちが続々と上陸してきた。なかでも文久二（一八六二）年、一九歳で通訳として来日した英国人アーネスト・サトウは、特に日光を愛して、通訳として二〇年間の滞在中に『日光案内』などの本を次々に刊行。「心良い環境、爽やかで健康増進の環境。この地を日本の最も心地よい憩いの地とするのにこれ以上何も必要ない」と絶賛している。

さらに、公使として再来日した翌年の明治二九（一八九六）年には、中禅寺湖畔に別荘を建ててい

広縁の全面ガラス窓の向こうには、中禅寺湖の雄大な風景が展開している。ここに座れば、いつまで眺めていても飽きることはない。

る。そして五年間の在任中に三〇回も訪れ、任期を終えて帰国する際に、後任の公使に譲り、その後、英国大使館別荘となった。この頃から中禅寺湖畔には大使館や個人の別荘が次々に建てられ、百年たつ今もイタリア、フランス、ベルギーの大使館の別荘が残っている。

その中の一つ、英国大使館別荘に隣接したイタリア大使館別荘は、アントニン・レーモンドの設計による建築で、ひときわ異彩を放っている。

今でこそ、車なら日光駅あたりから中禅寺湖まで一時間もかからない。しかし、徒歩では四時間はかかる。明治時代、いろは坂の急な道を徒歩で登るのは大変だったに違いない。当然、建築資材を持ち上げるのは至難の業である。このため英国大使館別荘は、ほぼ地元で手に入る在来の日本家

居間の天井には杉皮が貼り巡らされているが、六角形、菱形、矢羽などの多様な形になっており、質素な材料で華やかな空間を生み出している。

屋の材料と技術でできている。

レーモンドのイタリア大使館別荘はさらに徹底して、外壁、内壁、天井まで、すべて杉皮を貼り、竹で押さえて仕上げている。しかも、市松、矢羽など模様に変化をつけて杉皮を貼っていて、多彩な表情を生み出している。居間の両側の二つの暖炉の周りには玉石を積んでいる。

建築家の間では、すでに鉄筋コンクリートによる近代建築が普及していたこの時代に、この別荘は、コンクリートも鉄骨もいっさい使わずに、この場所で手に入る材料だけで、地元の大工の手によって作られている。

このため、環境にもよく馴染んで、森の中に溶け込むようにして建っている。

レーモンドはフランク・ロイド・ライトに従っ

食堂は居間の続き。暖炉には玉石が積まれている。杉皮と併せて、地元の素材を巧みに利用して野趣に富んだ室内を演出している。

て来日し、帝国ホテルの設計に従事したが、独立後は、鉄筋コンクリートを用いた、世界をリードするようなモダンな作品を次々に発表していた。しかし、彼は同時に日本の大工の優れた技術に着目し、いろいろと工夫しながら、彼らの腕前を生かして魅力的な建築を生み出していた。

よく知られているのが、杉丸太を組み合わせて軽快な建築を作る技法である。代表的なのが軽井沢聖パウロカトリック教会だが、レーモンドはこの時、日光から来た大工が、簡単なスケッチを渡しただけで、すぐに風呂桶をすえ、次に丸太と薄板と杉皮で臨時小屋を作り、そこに住み込んで教会を作りあげてしまったと書いている。

軽井沢の教会は日光の別荘の七年後だが、レーモンドが日光の大工を軽井沢に呼んで、彼らがそ

1階奥のゲストルーム。ガラス窓に囲まれて、自然に溶け込んでいる。ティールームとして使われており、ここで飲むコーヒーは格別だ。

こでも杉皮を使っているのが興味深い。当時、この別荘は一〇年しか持たないといわれたが、途中補修をしたとはいえ、すでに百年近く経過して、その魅力は少しも衰えていない。レーモンドが近代建築の理念にとらわれずに、柔軟な感性を駆使して設計していたことがよくわかる。

別荘の見せ場は、なんといっても一階の全面ガラス窓の広縁、まさに日本家屋の「広縁」である。ここのソファに座ると中禅寺湖の雄大な風景が目の前に展開する。右手には男体山が大きく聳え、左手には八丁出島など、新緑から紅葉まで四季折々の風景は見飽きることがない。

イタリア人にとってはスイスとの国境付近にあるコモ湖の風景によく似ているらしい。

一階の居間に座ると、天井を覆う杉皮の菱形や

右上：２階の寝室。右下：居間の奥、玉石を積んだ暖炉。左上：居間の天井は多角形の杉皮貼り。左下：市松模様に貼られた２階の外壁。

六角形の紋様が目に飛び込んでくる。この杉皮が意外と明るく輝いている。

その奥のゲストルームでは、透明ガラスの大きな窓を通して風景の中に溶け込んだような気になる。二階には湖を望む窓のある四つの寝室が並んでいる。それらの部屋も壁、天井などすべて杉皮で葺かれている。

平成九（一九九七）年までイタリア大使館の別荘として使われていたが、その後、栃木県が購入し、修理、復元のうえ、現在は英国大使館別荘とともに記念公園として公開されている。

隣接する英国大使館の別荘と比較すると、粗末なはずの杉皮の仕上げが、はるかに贅沢な仕上げに見えてくるから面白い。レーモンドの発想力の豊かさに改めて驚かされる。

（栃木県日光市）

南側の広い庭に面したベランダは数段の階段で庭に連続している。この庭で家族は友人を招いて花見、乗馬やゴルフを楽しんだ。

旧前田家本邸洋館

設計　高橋貞太郎
一九二九（昭和四）年

加賀百万石といわれた前田家は、江戸時代最大の大名であり、約一〇万坪の江戸藩邸は、現在ほぼ東京大学の本郷キャンパスとなっている。そのシンボル赤門は、実は、加賀藩第十三代藩主前田斉泰が、徳川将軍家から嫁入りする溶姫《ようひめ》を迎え入れるために作られたものである。

前田家は明治維新で藩邸を失い、一万坪ほどに縮小された本郷の敷地に洋館を建てて住んでいたが、大正一五（一九二六）年、そこも東京帝国大学に提供して、代わりに駒場の帝大農学部実習地の四万坪が与えられた。第一六代当主利為《としなり》（一八

西に面した正面ファサードは三角屋根など変化に富んだ佇まいで、来客を迎えるロータリーに向かって玄関ポーチを大きく開いている。

八五〜一九四二）のときだ。

明治維新後、大名から華族へと地位は変わり、利為は政治家を志したが、天皇からは華族は軍人を目指すよう求められ、周りからの強い勧めもあって、不本意ながら学習院から陸軍士官学校、陸軍大学校へと軍人の道を進んだ。そして近衛歩兵第四連隊大隊長、昭和二年には駐英大使館附武官、その後も陸大校長、陸軍中将と昇進したが、昭和一四年予備役に編入された。

陸大卒業後に私費で欧州留学を経験していた利為は、イギリス人貴族との交友を深め、その生き方を学び、家族にもイギリス人の教師をつけて行儀・作法を教え込んだ。

軍人ながら、海外の文化を身につけ、外交に身を捧げようと努力したが、軍内には「外国かぶれ

玄関を入ると広々とした玄関ホールの奥に大きな階段。その下に小さな暖炉とソファがある快適なイングルヌックといわれる窪みがある。

の貴族将校」という反感があったともいわれる。滞欧経験の長い利為は外国からの貴賓を迎えることのできる邸宅が必要と痛感していた。

このため、駒場の邸宅の設計を進めたのも駐英大使館附武官のときで、目指したのは国内外の来賓をもてなす迎賓館を兼ねた、イギリスのカントリーハウスのような建築だった。

そこで、建築委員会と設計チームを作り、東京帝国大学工学部教授塚本靖のもと、高橋貞太郎を中心に設計が進められた。高橋は最も優秀な学生に与えられる「恩賜の銀時計」をもらった秀才で、代表作には今も残る日本橋髙島屋、神田一ツ橋の学士会館などがある。

家具は担当の雪野元吉が渡英してロンドンであつらえた他、内装にはイタリアの大理石、フラン

華麗な壁紙で飾られた1階のサロン。豪華なシャンデリアが下がり、ピアノが置かれて、今もコンサートなどいろんな催しが開かれている。

スの絹織物などがふんだんに使われた。

昭和四（一九二九）年に竣工し、利為が武官の任務を終えて帰国した翌年から、ここでの華やかな生活が始まった。

一階には客人をもてなすサロン、応接室、大小の食堂など公的な部屋、二階には書斎、居間、個室など家族のための私的な部屋がある。

一階玄関の奥にまっすぐ伸びる大きなホールがある。その一番奥に二階へ上がる大階段があるが、その下に小さな窪みがあり、そこに暖炉とソファがある。この窪みをイングルヌックといい、この邸の中でもちょっと気になるユニークな部分になっている。

南に広がる大きな芝生の庭では、ゴルフや乗馬などを家族で楽しんだ。

２階の夫人室は家族がくつろげる部屋。おしゃれなマントルピース、賑やかな壁紙、絨毯、ソファ、カーテンと、華やいだ空気に包まれている。

元の加賀藩、石川県や富山県出身の百人を超える使用人を抱え、常に来客で賑わったが、年始には元旦だけで千人を超える客が訪れ、終日客で溢れた。四季折々に開かれた園遊会やパーティにはイギリス・アメリカ大使をはじめ、内外の要人を招き国際親善に努めた。

そして毎年四月には恩賜賞・帝国学士院賞を受賞した学者を招くのを慣例とし、晩餐会のあと受賞者は三〇分ずつ講話をした。後に日本人として初めてノーベル賞を受賞する湯川秀樹博士も昭和一五年にここに招かれて講演をしている。

しかし、そんな豊かな暮らしも長くは続かなかった。昭和一七（一九四二）年、利為は召集されボルネオ守備軍司令官を命じられ、そこで搭乗した飛行機が墜落、五七歳の生涯を閉じた。

右上：１階階段下のイングルヌック。右下：家族のための小食堂。左上：書棚、机、応接セットのある書斎。左下：シャンデリアのある寝室。

終戦後、前田邸は米軍に接収され、空軍司令官等の官邸として使われ、室内は白いペンキで塗られてしまった。

接収を解除されたあと、国と東京都に引き渡され、復元工事ののち、今は目黒区立駒場公園内の施設として管理、公開されている。特に二階の部屋は建設当時の絨毯、壁紙、カーテン、家具などが丁寧に復元され、見応えがある。

敷地内には、和館、新設された近代文学館がある。ちなみに、鎌倉にある旧前田家別邸は鎌倉文学館として活用されている。

旧前田家本邸は近代華族の栄光と悲劇のドラマが刻印された文化遺産であるとともに、大規模な邸宅が原状のまま保存公開されている、極めて貴重な建築遺産でもある。

（東京都目黒区）

シュロが似合うスパニッシュ・スタイルの家。赤い瓦屋根、明るい壁、玄関ポーチ、と典型的なスパニッシュの要素が揃っている。

ベーリック・ホール
（旧ベリック邸）

設計　ジェイ・ハーバート・モーガン
一九三〇（昭和五）年

開港後の横浜は、海岸沿いの山下居留地（現在の山下町、日本大通りの東側）が外国商館や銀行が並ぶ商業地となり、見晴らしのよい高台の山手居留地（現在の山手町）は、成功した西洋人たちの邸宅が建つ高級住宅地となった。

現存する中で最も大きな戦前の外国人住宅がベーリック・ホールだ。スペイン風の瓦を載せ、荒々しいコテの跡を残したベージュ色の壁、アーチ状の窓が並ぶ典型的なスパニッシュ・スタイルの美しい建物である。

粗い仕上げの塗り壁とレンガの縁取り。３連アーチの大きな玄関ポーチはどんな客を迎えたのか。横浜の繁栄を支えた人々の声が聞こえそうだ。

施主は、イギリス人の貿易商Ｂ・Ｒ・ベリック。明治三一（一八九八）年、二〇歳で来日し、父が創業した会社を継ぎ、主に洋紙や文房具、毛織物の輸入、美濃和紙、絹製品などの輸出を手掛けて事業を拡大。昭和五（一九三〇）年にこの自邸を建てると、その建物の評判と貿易商という経歴を見込まれ、横浜のフィンランド名誉領事に任命され、この家が領事館も兼ねた。

ベリックは第二次世界大戦開戦前にカナダへ移住し、建物は戦後、遺族がカトリック・マリア会に寄贈。平成十二年までマリア会が経営するインターナショナルスクールの寄宿舎として使われ、生徒たちからベーリック・ホールと呼ばれていた。その後横浜市が取得し、復原・改修を経て、今では元町公園の一部として公開されている。

メインホールは明るいサンルームに繋がって、広く開放的な部屋になっている。ここに政財界の要人を集めてパーティが開かれたのだろう。

設計したのは、アメリカ人建築家J・H・モーガン（一八六八〜一九三七）。明治維新以来、来日した外国人建築家は少なくないが、日本に骨を埋めた建築家は多くはない。コンドル、ヴォーリズなどはよく知られているが、横浜に多くの建築を残したモーガンのことはあまり知られていない。

モーガンはニューヨーク州バッファローで生まれた。建築の専門教育は受けていなかったが、アメリカ各地で十分に経験を積んだ実践的な建築家だった。

大正九（一九二〇）年、五一歳でフラー建築会社の主任建築家として来日した。フラー建築会社とは、鉄骨高層建築に実績を持ちアジア進出を目論む米・フラー社と、丸ノ内ビルヂング（丸ビル）建設にあたり最先端の建築技術を導入したい

サンルームはアーチ形の大きな窓に囲まれて、籐椅子を置いた半戸外。パーティに疲れたらここで一休みできる気の休まる場所だったようだ。

三菱によって設立された合弁会社。

丸ビルは今までにない巨大なビルだったため、これを日本の従来の技術で建てると工事に一八年もかかることが予想され、これでは成り立たないので、アメリカの最新の機械化した技術を導入しようとしてフラー社を招いたのだった。

モーガンは二年の契約期間に丸ビル、日本石油ビル（有楽館）、日本郵船ビルを手掛け、契約終了後も関東大震災のため破損したビルの補修などのため帰国せず、自身の建築事務所を設立した。

とくに大正一五（一九二六）年から事務所を構えた横浜では、居留外国人の求めに応じて公的な建物から私邸まで多くの建築を設計し、ベリック邸のほか「山手111番館」「旧根岸競馬場一等馬見所」「横浜山手聖公会」などが残っている。

1 階奥の食堂はかなり格式が高い。毎日家族が揃ってテーブルについて、お行儀よく会話を楽しみながら食事をとっていた風景が想像できる。

建築様式はさまざまで、施主の要望に応じて何でもこなした。横浜はモーガンにとって十分に仕事に打ち込めた場所だった。

モーガンが日本に住みついた理由には、来日早々に出会った女性、石井たまのの存在が大きい。東京ステーションホテルの食堂で友人との待ち合わせの合間に英語の本を開いていた二二歳のたまのに声をかけたことをきっかけに親しくなり、たまのは事務所の秘書も務めるなど公私にわたるパートナーとなった。たまのは明治三一年に生まれ、女子商業学校を卒業後ＹＷＣＡで英語を学んだ。

モーガンはアメリカに妻子がいたが、来日する以前から家庭を顧みることがなく、すでに別居状態だった。来日後は三人の子供たちにはプレゼン

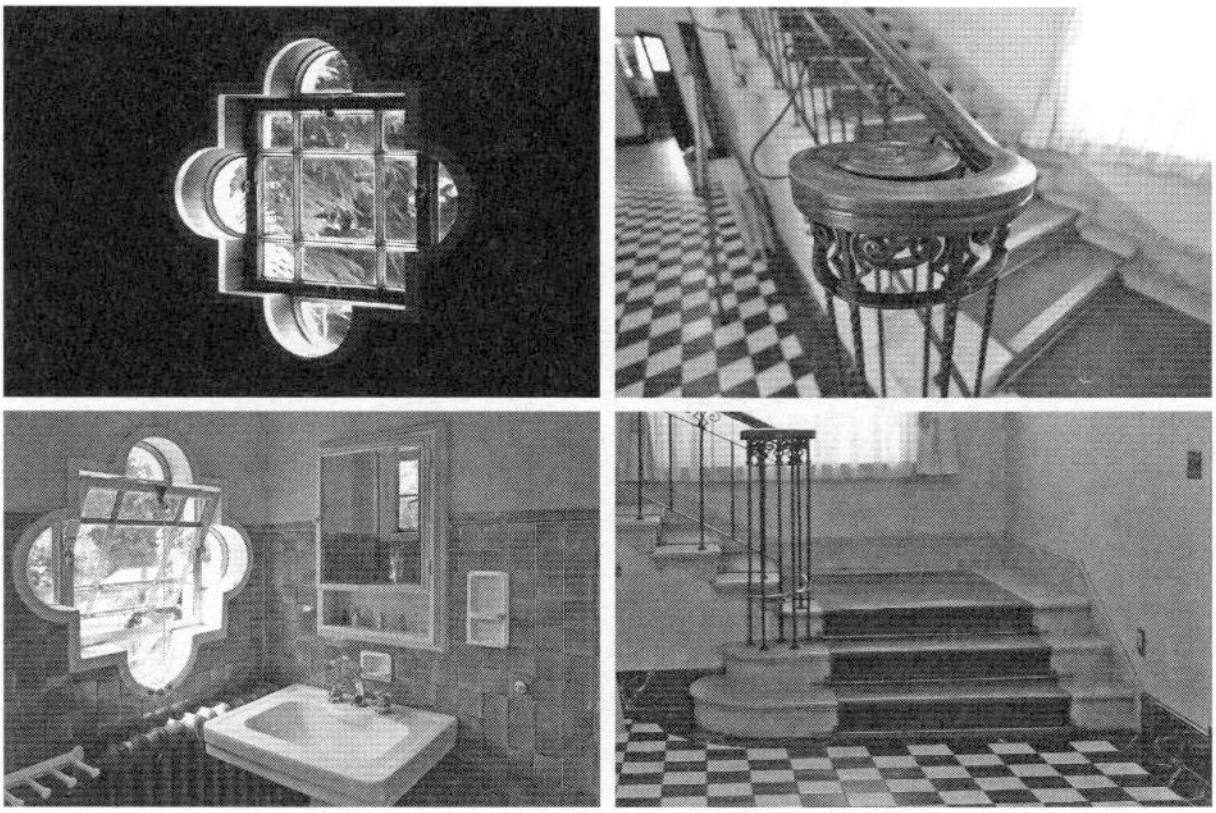

右上：渦巻きのある階段の手すり。右下：３段登って曲がる階段の始まり。左上：２階のいくつかの部屋にある窓。左下：洗面所にも同じ窓。

トや手紙を送っていたが、二度と帰国することはなかった。

彼は日本の暮らしを愛し、藤沢に和風を加味した自邸を建て、家では着物を着て過ごした。そんな日常を想像させる一枚の写真が残されている。そこには獅子舞をしながら、近所の人たちに囲まれて楽しんでいる姿が写っている。

建築家としての成功よりも、近所付き合いや庭仕事など穏やかな毎日の生活を楽しむ生き方を好んだという。仕事をとるために争うこともなく、自分の考えを書き残すこともなく、日本での第二の人生を楽しみながら昭和十二（一九三七）年、六八歳の生涯を閉じ、横浜山手の外国人墓地に眠っている。ちなみに外国人墓地の門もモーガンが設計したものである。

（神奈川県横浜市）

洋館部分の左側が、「玉姫」のサンルーム、右が「玉渓」と呼ばれている。洋館だが、外観は他の部分と馴染むように和風の屋根がかかっている。

起雲閣

設計　清水組（担当　大友　弘）
一九三二（昭和七）年

大正から昭和にかけて、三人の実業家によって受け継がれ、次々に建て続けられた日本庭園と建築が織りなす熱海の名建築。

始まりは大正八（一九一九）年、海運王と呼ばれた内田信也《のぶや》（一八八〇〜一九七一）が、高齢の母の静養のために建てた二階建ての和風の邸宅であった。一階は広い座敷と広縁が庭に向かって大きく広がっている。

母の没後、内田が手放した屋敷を大正一四年に購入したのが根津嘉一郎（一八六〇〜一九四〇）だ。根津は東武鉄道をはじめ多くの鉄道会社を傘下に

大正8年に内田信也が高齢の母親のために建てた座敷。広縁の視野を遮らない大きなガラス窓の細い桟の向こうに庭の風景が広がっている。

収め、鉄道王と呼ばれた人物。土地を買い足して敷地を三千坪とし、庭には川を流し、木を植え、大きな石を運び込み、起伏のある日本庭園を整備していった。根津はさらに洋室を次々に増築し、庭からは温泉を掘り出し、共同の浴室まで作ってしまった。

昭和一五（一九四〇）年に根津が没すると、昭和一九（一九四四）年にはここを手放す。そこに目をつけたのが、石川県出身で政財界で活躍し、金沢でホテルも営んでいた桜井兵五郎（一八八〇〜一九五一）だった。

桜井は戦後復興とともに熱海の観光地としての繁栄を予測して、客室、浴室などを増築して旅館「起雲閣」として営業を始める。

旅館になると、ここに、山本有三が訪れたり、

サンルームの天井はステンドグラス。庭に面する窓は、ステンドグラスと大きな透明ガラス。床は絨毯のように広がる泰山タイルのモザイク。

太宰治が滞在して『人間失格』を執筆したりして名前が知れ渡り、さらに三島由紀夫が新婚旅行で滞在するほどになった。

しかし、次第に旅行のスタイルが変化し、熱海の人気に翳りが見えてくると、平成十一（一九九九）年、約五〇年の営業を終えて閉館。熱海市が平成十二（二〇〇〇）年にこれを買い取り、現在は文化財として公開されている。

起雲閣は、こうして三人の所有者によって次々に建てられた和洋さまざまな建物が日本庭園をとり囲むように並んでおり、それぞれの建物を見学しながら、一回りできるようになっている。

玄関を入って、最初に目にするのは、内田信也が母のために建てた二階建ての和館の一階にある大きな和室（麒麟）である。目一杯広い大きなガ

根津により昭和４年に建設され、旅館時代は「金剛」と名付けられた部屋。伊豆石の半円形の暖炉、石張りの床、庭に開いた大きな窓がある。

ラス戸を通して美しい中庭を楽しむことができる。二階も座敷だが、こちらは壁が青く塗られた不思議な部屋（大鳳）になっている。

次は根津が建てた洋館で、応接間（玉渓）と食堂（玉姫）、さらにその前に広がるサンルームである。特にサンルームは目を見張るほど華やかな部屋だ。大きな窓と天井いっぱいに広がるステンドグラス、さらに床の全面を覆う泰山タイルによる絨毯のようなモザイクには圧倒される。

ステンドグラスは宇野沢ステンドグラス製作所の制作、同時代には国会議事堂の衆参両議場の天井のステンドグラスも作られており、ともに日本のステンドグラスの最高峰と思われる。床のモザイクタイルは京都の泰山製陶所のもので、小さなタイルを丁寧に組み合わせて、これもどこにも引

ローマ風浴室。繊細なステンドグラスの入った大きな窓が連続する明るい部屋。浴槽は下から温泉が湧き出る仕組みになっている。

けを取らない美しい作品となっている。

通常、ステンドグラスは与えられた窓を彩るために制作されるものだが、ここはまるでステンドグラスのために作られたような部屋なのである。

サンルームの奥には食堂（玉姫）と応接間（玉渓）があるが、ともにオーナーと大工が自由に思いのままに作った、重厚な洋間となっている。

その先には、石造りの重厚なマントルピースを持った洋間（金剛）と、明るいステンドグラスに飾られたローマ風浴室がある。

ここまでは、個人の住宅または別荘として作られたものだが、その先には、旅館時代の和風の客室、やや大きな浴室などがある。また、敷地内には手の込んだバー（現在は喫茶室）もある。

起雲閣の主要な部分の設計は清水組（現・清水

「玉渓」の照明器具（右上）と手斧けずりのドアと飾り金具（右下）、暖炉脇のステンドグラス（左上）。左下：サンルームの泰山タイルの床。

建設）の建築家大友弘（一八八八〜一九六三）と伝えられている。大友は一五歳で清水組に入社し、働きながら工手学校（現・工学院大学）夜間部で建築を学んだ。力量があり、レンガ造の銀行を初め各種の建築を設計していたが、関東大震災のあとは木造住宅を専門とし、この建物を担当するようになった。

起雲閣は、広大な敷地に今では死語となってしまった「普請道楽」のオーナーと、オーナーに寄り添って仕事をこなしたゼネコン所属の建築家、そして腕の立つ職人たちが伸び伸びと腕を振るってつくりあげた楽しい建築群なのだ。それぞれの建物は時代も様式も異なるが、遊び心に溢れた、現代建築が失ってしまった、楽しさいっぱいの建築なのだ。

（静岡県熱海市）

宮内省内匠寮の建築家が設計した鉄筋コンクリートの建築は、多少の凹凸はあるもののモダニズムに極めて近い、無装飾なものだった。

東京都庭園美術館
（旧朝香宮邸）

設計　宮内省内匠寮（権藤要吉）
内装設計制作　アンリ・ラパン
一九三三（昭和八）年

歴史の中で出会ったいくつもの偶然が重なって奇跡的に誕生した珠玉の建築である。

朝香宮家は、明治三九（一九〇六）年、明治天皇の特旨により鳩彦《やすひこ》王が創設した宮家。鳩彦王は明治四三（一九一〇）年、明治天皇の第八皇女允《のぶ》子《こ》内親王と結婚し、その後、白金の御料地約一万坪が下賜された。

大正十一（一九二二）年、鳩彦王は陸軍軍人としてフランスに留学。翌年、ドライブ中に事故に

玄関を入ってまず目に入るのが次室の白磁の香水塔。フランス海軍から贈られたセーブル焼の香水塔は半透明の柔らかな光を放っている。

巻き込まれ骨折する重傷を負う。允子妃は直ちにパリへ向かい、療養のため二人のパリ生活が始まった。第一次世界大戦が終わり、「狂乱の時代」を迎えた華やかなパリでの生活は二人の好奇心を満たすに十分だった。特に帰国直前の一九二五年に開かれた「現代装飾美術・産業美術国際博覧会」（アール・デコ博）に二人はすっかり魅せられてしまった。

アール・デコは、その前に流行したアール・ヌーボーが流麗な曲線を主としたのに対し、直線的で幾何学的な装飾様式で、他の西洋諸国より産業発展に遅れを取ったフランスが、国力を挙げて打ち出したものだった。

帰国すると二人は白金の自邸建設に着手した。パリ滞在中に起きた関東大震災により、高輪にあ

大客室は右側のドアが目を引くが、なんといってもシャンデリアが一番の見せ場だ。せり上がったガラスのギザギザはアール・デコの真骨頂。

った自邸が倒壊してしまっていたためだ。

相談相手は権藤要吉を中心とする宮内省内匠寮《たくみりょう》の技師たちで、最先端の鉄筋コンクリート造でモダニズムに近いシンプルな建築になった。

しかしインテリアについては、朝香宮夫妻は徹底してアール・デコ様式とすること、しかもその中心人物アンリ・ラパンに依頼することにこだわった。ラパンには大広間、大客室、次室《つぎのま》、大食堂など七室の設計と制作が発注された。パリからの船便は四か月もかかったが、図面、模型と共に、壁紙、照明器具、ガラス・レリーフなどが部屋ごとに次々に送られてきた。

圧巻は、ガラス工芸家ルネ・ラリックによる翼を広げる女性像のガラス・レリーフが取り付けられた玄関扉、さらに次室の「香水塔」と呼ばれる

大客室の奥の大食堂では、丸く張り出した６枚の窓を通して、四季折々に変化する庭園の景色を楽しみながら食事をとることができた。

白磁のオブジェで、これはラパンがデザインし、フランス国立セーブル製陶所が制作したもの。部屋ごとに異なる照明器具も多彩だが、特に目を引くのは大客室の二本のシャンデリア。ギザギザのガラスはアール・デコの本領だ。

デザインの要望を先方に伝え、送られて来た解説書を解読して作業を助けたのは允子妃だった。彼女はパリ滞在中にフランス語をマスターし、水彩画を習うなどフランス文化の吸収に貪欲だった。壁紙の選定、ラジエーターのグリル（カバー）のデザイン等にも積極的に関わった。

館内の各部屋の照明器具はそれぞれ異なったデザインで楽しませてくれるが、それらは、日本でデザインされたものも少なくない。アール・デコ博の期間に一年間の欧米留学をしていた権藤要吉

右：夫妻の寝室の外側は庭に開いた明るいベランダだった。左：玄関の床のタイルと正面の女性像のガラスのレリーフ、そして照明器具。

をはじめとして宮内省内匠寮の技師たちもアール・デコのデザインを学び、邸宅全体のデザインの統一的な完成に心血を注いだ。

建築と共に広大な庭園も重要な見せ場だった。門から建物までの十分に引きのあるアプローチは緑に囲まれ、芝生の庭には孔雀が歩き回っていた。夫妻が精魂込めた邸が完成したのは昭和八（一九三三）年五月。しかし允子妃はこの頃から体調を崩し、同年十一月に薨去。四二歳だった。

第二次世界大戦後、鳩彦王は皇籍を離脱し熱海へ居を移した。白金の邸宅は西武鉄道に買い取られたが、政府が借り受け、吉田茂が外務大臣・総理大臣公邸として使用したり、迎賓館として利用された。その後東京都の所有となり、昭和五八（一九八三）年から東京都庭園美術館として公開さ

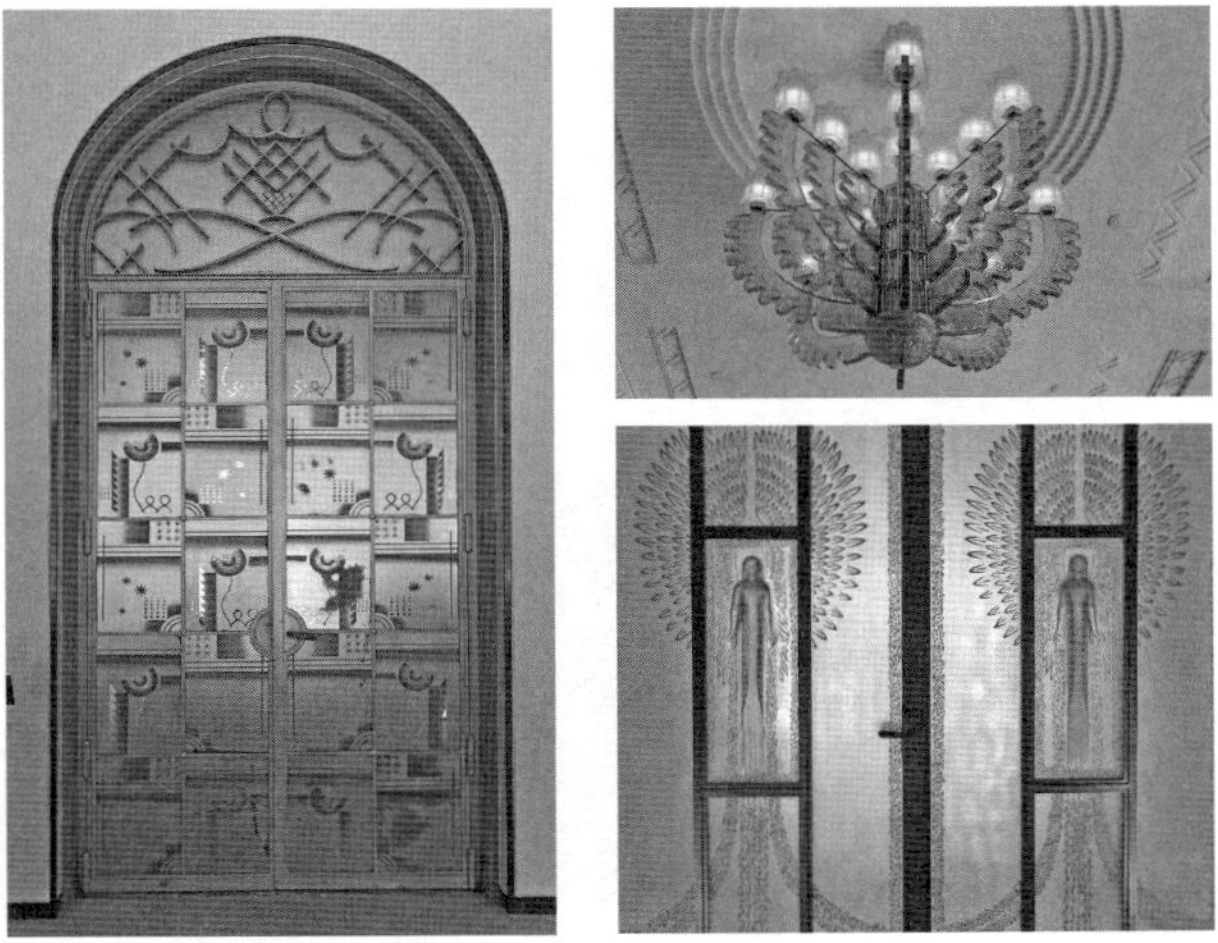

ルネ・ラリック作大客室のシャンデリア（右上）と玄関のガラスのレリーフ（右下）。左は大客室のマックス・アングランのエッチング・ガラス。

れ、現在、本館、正門、茶室等が国の重要文化財に指定されている。

設計を担った宮内省内匠寮はこの他にも、秩父宮邸（昭和二年）、李王家邸（昭和五年）、高松宮邸（昭和六年）などの設計を手がけている。

夫妻のパリ滞在中にアール・デコ博が開かれた偶然がこの邸の誕生のカギを握っているが、この時、この会場の片隅にはル・コルビュジエによる「エスプリ・ヌーボー館」というモダニズム建築の開幕を告げる重要な建築が密かに展示されていた。

朝香宮邸は、様式建築からモダニズムへ移行する歴史の谷間に奇跡的に咲いたアール・デコ建築の傑作である。（東京都港区）

あとがき

三年前に出版した『日本の近代建築ベスト50』が戦後の、一九六〇年代を最盛期とする近代建築の後半を扱っていたので、あと半分、明治・大正・昭和前半までの建築について書いていないことが気になっていた。ちょうどそこへ月刊誌から依頼があり、「物語る近代建築」のテーマで書く機会を与えられた。それは、気にはなっていたが、見て見ぬふりをしてきた近代建築の前半部分を見直す絶好のチャンスだった。

改めて見なおしてみると、関東大震災や泥沼のような戦争の惨禍を経験しながらも、しっかりと生き抜いた近代の名建築が日本各地に残されていた。

これらを訪ねて歩くと、そこに見えてきた建築は、ただ古いだけではなかった。建築家とオーナー、技術者たちとの共同作業という姿が、次第に見えてきたのだった。そこには、現代に続くモダニズムの建築が忘れ去っていた建築の豊かな魅力がぎっしり詰まっていた。

建築を見ているうちに、建築を作った人、利用した人、保存した人などの人生が色濃く塗り込められていることにも気がついた。本書では建築の魅力とともにこうして建築を作り、維持してきた人々にもできる限り言及してみた。

本書は、以上のようないきさつでできたものだが、何よりも最初に原稿を書く機会を与えて下さった編集事務所アダックの編集者・樋口直子さん、掲載誌『てんとう虫』（のち『SAISON express』に改題）を発行された株式会社クレディセゾンに感謝したい。

本書は、この連載記事を中心にさらに気になっていた建築を一〇件新たに撮影・執筆して完成した。

掲載した建築の所有者、管理者の皆さまにはおせわになりました。ここで、お礼を述べさせていただきます。

さらに、前著同様、この原稿を取り上げて下さった新潮社の阿部正孝さんに心からお礼申し上げます。

二〇二四年一〇月一〇日

小川　格

初出掲載誌

築地本願寺本堂	『てんとう虫』2022 September
岩手銀行赤レンガ館	『てんとう虫』2022 October
明治生命館	『てんとう虫』2022 November
横浜市大倉山記念館	『てんとう虫』2022 December
大阪市中央公会堂	『てんとう虫』2023 January
神戸商船三井ビル	『てんとう虫』2023 February
ヨドコウ迎賓館	『てんとう虫』2023 March
武庫川女子大学 甲子園会館	『てんとう虫』2023 April
東京女子大学チャペル	『てんとう虫』2023 May
宇部市渡辺翁記念会館	『てんとう虫』2023 June
東京都庭園美術館	『てんとう虫』2023 July/August
清泉女子大学本館	『SAISON express』2023 September
ベーリック・ホール	『SAISON express』2023 October
旧岩崎邸	『SAISON express』2023 November
鳩山会館	『SAISON express』2023 December
イタリア大使館別荘	『SAISON express』2024 January
旧前田家本邸洋館	『SAISON express』2024 February
旧ハンター住宅	『SAISON express』2024 March
六華苑	『SAISON express』2024 April
外交官の家	『SAISON express』2024 May
旧武藤山治邸	『SAISON express』2024 June
起雲閣	『SAISON express』2024 July/August
神奈川県立歴史博物館	以下書き下ろし
東京国立博物館 表慶館	
東京駅	
誠之堂	
晩香盧	
青淵文庫	
名古屋市市政資料館	
旧国立駅舎	
SEIKO HOUSE GINZA	
国会議事堂	

参考文献

『日本の建築[明治大正昭和]』1～10　村松貞次郎編　三省堂　1981
『明治の建築』桐敷真次郎　日経新書　1966
『近代建築の黎明』神代雄一郎　美術出版社　1963
『日本の近代建築（上・下）』藤森照信　岩波新書　1993
『日本近代建築家列伝』丸山雅子監修　鹿島出版会　2017
『明治の東京計画』藤森照信　岩波現代文庫　2004
『世界の都市の物語12　東京』陣内秀信　文藝春秋　1992
『日本の近代住宅』内田青藏　鹿島出版会　1992
『日本近代建築大全（東日本篇・西日本篇）』米山勇監修、伊藤隆之撮影　講談社　2010
『近代別荘建築』十代田朗監修　トゥーヴァージンズ　2022
『師と友――建築をめぐる人びと』森井健介　鹿島出版会　1967
『自伝アントニン・レーモンド』アントニン・レーモンド著、三沢浩訳　鹿島出版会　2007
「帝国議会議事堂の建築に就て」大熊喜邦『衛生工業協会誌』衛生工業協会　1936.12
「国会議事堂建設過程の記録」本間義人『現代福祉研究』法政大学現代福祉学部現代福祉研究編集委員会　2005.3
『加賀百万石物語』酒井美意子　主婦と生活社　1992
『帝国ホテル ライト館の幻影』遠藤陶　廣済堂　1997
「近代建築における建設会社設計部技術者の研究」平山育男、松波秀子『住宅総合研究財団研究論文集』住宅総合研究財団　No.31, 2004年版
『旧山邑邸』谷川正己文、宮本和義写真　バナナブックス　2008
『ジェイ・H・モーガン』水沼淑子　関東学院大学出版会　2009
『東京人』特集・異形の建築家　伊東忠太　都市出版　2012.12
『「くにたち大学町」の誕生』長内敏之　けやき出版　2013
『旧国立駅舎』国立新書2　国立市役所政策経営部　2022
『東京人』増刊　清泉教育のあゆみ　都市出版　2016.4
『旧朝香宮邸物語』東京都庭園美術館編　アートダイバー　2018
『アール・デコの館』藤森照信文、増田彰久写真　ちくま文庫　1993
「名古屋控訴院クロニクル」村瀬良太　MOYAKO MAGAZINE　2023. 7. 19更新
「日本のステンドグラス史」田辺千代『郷土神奈川』神奈川県立図書館　2004. 3
『建築雑誌』『建築士』『建築界』『日本建築士』『新建築』各誌の建築紹介号、及び建築家追悼特集号

写真：特に記載のあるもの以外は著者撮影

小川　格　1940年東京生まれ。法政大学工学部建築学科卒。『新建築』、相模書房で編集のほか設計事務所勤務。ブログ「近代建築の楽しみ」で新たな価値を発信する。編集事務所「南風舎」顧問。著書に『日本の近代建築ベスト50』。

Ⓢ新潮新書

1078

至高《しこう》の近代建築《きんだいけんちく》

明治《めいじ》・大正《たいしょう》・昭和《しょうわ》 人《ひと》と建物《たてもの》の物語《ものがたり》

著　者　小《お》川《がわ》格《いたる》

2025年2月20日　発行

発行者　佐　藤　隆　信

発行所　株式会社 新潮社

〒162-8711　東京都新宿区矢来町71番地
編集部(03)3266-5430　読者係(03)3266-5111
https://www.shinchosha.co.jp
装幀　新潮社装幀室

印刷所　錦明印刷株式会社

製本所　錦明印刷株式会社

ISBN978-4-10-611078-8　C0252

価格はカバーに表示してあります。

新潮新書

937
日本の近代建築ベスト50
小川格
建築は、時代と人々を映す鏡である――日本で近代建築が始まって約100年。現存するモダニズム建築の傑作50を選び、豊富な写真とエピソードとともにプロが徹底解説。

1073
私の同行二人
人生の四国遍路
黛まどか
出会い、別れ、俳句、死生……自身の半生を振り返りながら、数知れない巡礼者の悲しみとともに巡る、一〇八札所・1600キロの秋遍路。結願までの同行二人。

1072
手段からの解放
シリーズ哲学講話
國分功一郎
楽しむとはどういうことか？　カントの哲学をヒントに、人間の行為を目的と手段に従属させる現代社会の病理に迫る。ベストセラー『暇と退屈の倫理学』に連なる、國分哲学の真骨頂！

1074
ギャンブル脳
帚木蓬生
借金まみれでもやめられない――〝沼落ち〟気質なのか脳の異常なのか。家族を苦しめ犯罪まで引き起こすギャンブル症のすべてを臨床歴三五年以上の精神科医が徹底解説。

1066
人生の壁
養老孟司
「嫌なことをやってわかることがある」「生きる意味を過剰に考えすぎてはいけない」――幼年期から今日までを振り返りつつ、誰にとっても厄介な「人生の壁」を超える知恵を語る。